# SHINE *Experience*

**Das Sieben-Wochen-Training
für ein Leben mit Leuchtkraft**

## AUTOREN

 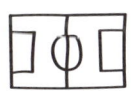  

**ANDREAS BOPPART**

Vielredner,
Bücherschreiber,
Vierfach-Mädchen-
vater und Chef
von Campus für
Christus Schweiz

**JONATHAN BUCHER**

Gern-Esser,
Fußball-Coach,
Junggebliebener,
Vierfach-Vater
und Co-Leiter
SHINE Schweiz

**LEONARDO IANTORNO**

Lautdenker,
Redenschwinger,
Weinliebhaber,
Doppel-Daddy und
Co-Leiter SHINE
Schweiz

**MICHAEL ZURBRÜGG**

Pionier, kreati-
ver Wirbelwind,
Atlantik-Über-
querer, Hunde-
halter und Leiter
SHINE Europe

**SCM**

R.Brockhaus

# INHALTS-
# VERZEICHNIS

## 11–26

**EINHEIT 1**
Booster

## 27–44

**EINHEIT 2**
Share Faith

## 45–60

**EINHEIT 3**
Hug People

## 61–80

**EINHEIT 4**
Inspire Yourself

## 81–96

**EINHEIT 5**
Njoy Fellowship

## 97–112

**EINHEIT 6**
Equip Others

## 113–127

**EINHEIT 7**
Commitment

# DIESES BUCH GEHÖRT

---

# JETZT APP HERUNTERLADEN

shine.ch/experience
shine-experience.de

# EINFÜHRUNG

## DIE SHINE EXPERIENCE – NEU AUFGELEGT

Du kannst dir nicht vorstellen, wie lange wir darauf hingefiebert haben, dir diese noch bessere SHINE Experience in die Hand zu drücken. Wir haben seit der ersten Auflage vor fünf Jahren fleißig weitergeschrieben und eine komplett neue App entwickelt. Und nun liegt es vor dir: das Buch, das dir in sieben Einheiten das ultimative SHINE Erlebnis verschaffen wird! Es kann dein Leben verändern. Du wärst nicht die erste Person auf diesem Planeten, bei der die SHINE Experience ihr volles Veränderungspotenzial entfaltet. Deshalb: Schnall dich an, leg dein Smartphone beiseite und dreh die Lese-LEDs auf 100 Prozent!

## REFLECTING GOD'S LOVE

In den nächsten sieben Wochen wirst du den SHINE Lifestyle trainieren. Dazu sei eine ganz wichtige Sache gesagt: Wir alle können nur «shinen» (leuchten), wenn wir mit Gottes Licht gefüllt sind und seine Liebe kennen. Deshalb lässt sich der SHINE Lifestyle auch ganz einfach in zwei Prinzipien zusammenfassen: Gottes Liebe empfangen und Gottes Liebe weitergeben.
Es ist wie bei einer Reflexion: Ein Straßenschild kann nur leuchten, wenn es angestrahlt wird. Auch der Mond kann nur leuchten, weil er von der Sonne bestrahlt wird, die eine Kraft von einer Milliarde Tonnen Dynamit pro Sekunde hat. Genauso können auch wir nur leuchten, wenn wir von Gottes bedingungsloser Liebe entfacht werden. Dadurch werden wir, wie der Mond, plötzlich zu Hoffnungsträgern in der Nacht. Wow! Wir beten, dass du Gottes Liebe in den nächsten Wochen ganz neu für dich begreifst. Er liebt dich so viel mehr, als du es dir bisher vorstellen kannst! In der SHINE Experience geht es also darum, die Liebe Gottes zu reflektieren. #reflectinggodslove

## ABER WIE SOLL DAS GEHEN?

## DEIN TRAINING

Dieses Buch ist so aufgebaut, dass du während (mindestens) sieben Wochen täglich den SHINE Lifestyle eintrainierst. Du darfst es also gerne als geistliches Fitness-Tool betrachten. Der SHINE Lifestyle beinhaltet die folgenden Bereiche, welche dir helfen, deinen Glauben wie ein Licht hell leuchten zu lassen:

**SHARE FAITH** > Teile deinen Glauben mit anderen.
**HUG PEOPLE** > Umarme Menschen, indem du ihnen Gutes tust.
**INSPIRE YOURSELF** > Inspiriere dich durch Zeiten mit Gott.
**NJOY FELLOWSHIP** > Genieße Gemeinschaft mit deinen Mitmenschen.
**EQUIP OTHERS** > Fördere andere in ihrem SHINE Lifestyle.

In jedem Kapitel wirst du Action Steps und interaktive Elemente finden, damit das Gelesene Hände und Füße kriegt. Lass dich herausfordern, auch wenn es dir gerade weniger entspricht oder du dich überwinden musst.

• Investiere ca. 15 Minuten pro Tag, um erste Resultate zu sehen. Am besten morgens, denn dann kannst du das Thema konkret mit in den Tag hineinnehmen.

• Vielleicht hilft es dir, diese Zeiten an einem festen und ruhigen Platz wie deinem Lieblingssessel oder dem Frühstückstisch zu verbringen.

## EINZELPERSON ODER GRUPPE

Du kannst die SHINE Experience alleine, zu zweit oder mit deiner ganzen Teenie-/Jugendgruppe erleben. Damit diese Buchseiten für dich zum 3D-Erlebnis werden, lade dir jetzt die «SHINE Experience»-App auf dein Smartphone (für iPhone oder Android)*. Jedes Kapitel (und damit jede Woche) beginnt mit einem inspirierenden Video-Clip des SHINE Teams. Über die kostenlose App wird dir einmal pro Tag eine Push-Benachrichtigung gesendet, die dich zusätzlich erinnert, herausfordert und ermutigt. Zudem hast du direkten Zugang zu den Videos und zum Leiterhandbuch für Gruppenleiter.

Die SHINE Experience wurde an sich für Gruppen entwickelt. Bereits ab zwei Personen kannst du eine Gruppe bilden und nach oben gibt es keine Grenzen. Trefft euch jeweils zu Beginn einer neuen Woche, um gemeinsam ins Thema einzusteigen und den Start-Clip anzusehen (= Community-Time). Eine Person der Gruppe leitet diese Zeit und bereitet sich mit dem kostenlosen Leiterhandbuch vor. Es enthält Ideen für Games, Bibellesen und Austausch. Ebenfalls kannst du dort alle Video-Clips ansehen und herunterladen. Stelle sicher, dass du so oft wie möglich Teil der Community-Time bist. Während dieser Zeit hast du nicht nur einen wertvollen Austausch mit deiner Gruppe und hörst, was die anderen erleben, sondern du wirst auch motiviert für das neue Thema.

Natürlich kannst du dir als Einzelperson den Start-Clip auch allein ansehen. Aber der Spaßfaktor ist in der Gruppe auf jeden Fall höher!

---

* Du findest die sieben «SHINE Experience»-Videos und das Leiterhandbuch für Gruppenleiter auch hier: shine.ch/community-time (Schweizerdeutsch) oder shine-deutschland.de/community-time (Hochdeutsch).

SHINE Experience | Einführung

# DIE ICONS

Für jede Themeneinheit haben wir sieben Tageslektionen vorbereitet, die du im Laufe einer Woche bearbeiten kannst. Jeder Tag hat einen anderen Fokus:

**Personal-Time/Community-Time | Tag 1:**
Tauche alleine (Personal-Time) oder mit deiner Gruppe (Community-Time) in die neue Einheit ein.

**Heart | Tag 2:**
Wo steht dein Herz in Bezug
auf dieses Thema?

**Get ready | Tag 3:**
Mach dich bereit für den Tag,
das Thema und die Woche.

**Bible | Tag 4:**
Entdecke, was die Bibel zu dieser
Einheit zu sagen hat.

**Action | Tag 5:**
Heute wartet eine
Aktion auf dich.

**Learn | Tag 6:**
Vergrößere deine Erfahrungen
und dein Wissen zum Thema.

**Surprise | Tag 7:**
Lass dich überraschen!

## DEINE ENTSCHEIDUNG

Die SHINE Experience wird für dich zum größten Gewinn, wenn du dich reinhängst und dranbleibst. Wie im Fitnessstudio. Manchmal erfordert es Schweiß, Nachtschichten und Überwindung. Aber nur wer sich an einen regelmäßigen Trainingsplan hält, sieht auch Erfolge. Vielleicht willst du die SHINE Experience manchmal sogar an den Nagel hängen. Aber stell dir vor, was passieren könnte, wenn du dich für die nächsten Wochen ganz darauf einlässt und Gott die Erlaubnis gibst, deinen Lebensstil zu prägen! Träume groß! Lass dich von uns dazu herausfordern, die SHINE Experience bis zum Schluss durchzuziehen und Jesus die Erlaubnis zu geben, dein Leben zu prägen. Als Zeichen dafür kannst du hier deine Entscheidung unterschreiben.

**Deine Unterschrift bedeutet:**
- ☐ Ich gebe Gott die Erlaubnis, meinen Lebensstil zu prägen.
- ☐ Ich verpflichte mich dazu, neue Dinge auszuprobieren, auch wenn es mich Überwindung kostet.
- ☐ Wenn ich etwas nicht schaffe, blicke ich nach vorne und klinke mich bei der nächsten Möglichkeit wieder ein.
- ☐ Ich nehme mir bewusst regelmäßig Zeit für die SHINE Experience.
- ☐ Ich gebe mein Bestes und das ist gut genug.

**Wir glauben und beten, dass die kommenden Wochen für dich zu einer herausragenden Erfahrung werden! Bist du bereit?**

-----------------------

**Meine Unterschrift**

## WELCOME TO THE
## SHINE EXPERIENCE

SHINE Experience | Einführung

EINHEIT

Booster

«Wenn Jesus den Schleier vor unseren Augen wegnähme: Wir würden Engel sehen, wie sie uns versorgen und dass der Heilige Geist in uns und der Vater um uns ist!»

Oswald Chambers

# PERSONAL-TIME / COMMUNITY-TIME | TAG 1

Ziehst du die SHINE Experience alleine durch, dann checke in der App für das Kapitel «Booster» ein und sieh dir jetzt das «Booster»-Video an. Als Gruppe feiert ihr Community-Time, mit Games, dem «Booster»-Video und Zeit in der Kleingruppe.

Da ist ein übernatürlicher Gott, der durch seinen Heiligen Geist in dir und durch dich wirkt. Wie tut er das? Er spricht zu dir. Deshalb ist es wichtig, wach und achtsam zu sein. Gott spricht durch seinen Geist in dein Herz – wie eine innere Stimme, die dir wichtige Impulse gibt. Manchmal hören oder sehen wir, dass Gott spektakuläre Dinge tut. Oft wirkt er aber auch im Stillen. Der Prediger Oswald Chambers sagte sinngemäß: «Normalerweise hat Gott uns nicht für das Außergewöhnliche geschaffen, sondern dafür dass wir im Normalen außergewöhnlich sind.» Das normale Leben wird zum außergewöhnlichen Abenteuer, wenn du immer und überall mit Gottes Gegenwart und dem Wirken seines Geistes rechnest!

**Die Bibel**
Lies die unten stehenden Bibelstellen, in denen Jesus seinen Jüngern erklärt, was es mit dem Heiligen Geist auf sich hat:
• Johannes 16,5–14
• Johannes 14,26

**Und du?**
• Hast du den Heiligen Geist kürzlich (oder in den vergangenen Monaten) erlebt?
• Wo hast du schon einmal gebetet, bist danach einem inneren Impuls gefolgt und hast dabei Gottes Wirken erlebt?
• Was sind positive und negative Erfahrungen, die du mit dem Heiligen Geist und mit dem Hören auf seine Stimme gemacht hast?
• Was würde dir helfen, damit du dich noch mehr auf den Heiligen Geist und auf sein Wirken einlassen kannst?

## HEART | TAG 2

Muskeln wachsen nur, wenn sie trainiert werden. Wenn dein Vorbild Dwayne «The Rock» Johnson oder ein anderer Muskelmann ist und du diesem nacheiferst, dann weißt du, wo du die nächsten Jahre verbringen wirst: leidend in einem Fitnessraum. Keine/r rennt einfach mal so die 100 Meter unter 10 Sekunden, indem sie/er sich zur Vorbereitung wochenlang mit einem Softdrink am Strand sonnt.

Genauso ist das mit deinem Glauben. Geistliches Training, wie Paulus es im Vers auf der linken Seite nennt, bringt Gewinn. Timotheus wird ermutigt, seine Zeit und Kraft zu nutzen, um im Glauben zu wachsen und immer stärker zu werden (Vers 7).

Wie ist das bei dir? Die SHINE Experience ist ein Trainingstool, das dir dabei hilft, deine geistlichen Muskeln zu stärken – und das garantiert muskelkaterfrei.

**Körperliches Training hat einen gewissen Wert, aber geistliches Training ist noch viel wichtiger, denn es verspricht Gewinn in diesem wie auch im zukünftigen Leben.**
1. Timotheus 4,8 *

* Wir verwenden in diesem Buch, wenn nicht anders angegeben, die «Neues Leben»-Bibelübersetzung.

## ACTION STEP

MACH ZEHN LIEGESTÜTZEN, UM DEINE MUSKELN ZU TRAINIEREN. WENN DU DAS NICHT SCHAFFST, DARFST DU ZEHNMAL DIE BEIDEN PO-BACKEN FEST ZUSAMMEN KNEIFEN. LIES DANACH ZEHN MINUTEN IN DER BIBEL, UM DEINE GEISTLICHE MUSKULA-TUR ZU TRAINIEREN.
PSALM 91 EIGNET SICH SUPER, UM MIT DEM TRAINING SO RICHTIG DURCHZUSTARTEN.

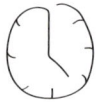

# GET READY | TAG 3

Aber wenn der Heilige Geist über euch gekommen ist, werdet ihr seine Kraft empfangen. Dann werdet ihr den Menschen auf der ganzen Welt von mir erzählen - in Jerusalem, in ganz Judäa, in Samarien, ja bis an die Enden der Erde.
Apostelgeschichte 1,8

Gehörst du zu den Menschen, die morgens nur mit einem Energy-Drink aus dem Bett kommen? Das griechische Wort für «Kraft» ist Dynamis. Gott will dir seine Dynamis geben - den Heiligen Geist! Diese himmlische Power verleiht im Gegensatz zu Red Bull tatsächlich geistliche Flügel! An Pfingsten kam der Heilige Geist vom Himmel auf die Nachfolger von Jesus und ihr Leben wurde grundlegend verändert. Jesus selbst hat erst mit Wundern und Heilungen begonnen, nachdem bei seiner Taufe Gottes Geist auf ihn kam. Auch dich will Gott heute mit seinem Heiligen Geist erfüllen. Er bringt «Dynamis» in dein Leben. Nicht zu verwechseln mit Dynamit. :) Lass dir das nicht entgehen!

Folgendes verspricht uns Jesus in Lukas 11,9-13:
**Deshalb sage ich euch: Bittet, und ihr werdet erhalten. Sucht, und ihr werdet finden. Klopft an, und die Tür wird euch geöffnet werden. Denn wer bittet, wird erhalten. Wer sucht, wird finden. Und die Tür wird jedem geöffnet, der anklopft. Gibt es einen Vater, der seinem Kind eine Schlange hinhält, wenn es um einen Fisch bittet? Oder wenn es um ein Ei bittet, reicht er ihm dann einen Skorpion? Natürlich nicht! Wenn aber selbst ihr sündigen Menschen wisst, wie ihr euren Kindern Gutes tun könnt, wie viel eher wird euer Vater im Himmel denen, die ihn bitten, den Heiligen Geist schenken.**

## ACTION STEP

MACH GLEICH JETZT, EGAL WO DU
BIST, DEINE ZIMMERTÜR ODER
DEIN FENSTER AUF. FALLS DU IRGEND-
WO DRAUSSEN SITZT UND WEDER
TÜR NOCH FENSTER IN DER NÄHE SIND,
DANN ÖFFNE DEINE JACKE, DEINEN
MUND ODER ETWAS ANDERES.
IRGENDETWAS WIRD SICH SCHON
FINDEN LASSEN!

DIES STEHT SINNBILDLICH FÜR EINE
EINLADUNG AN DEN HEILIGEN GEIST,
DER MIT NEUER KRAFT IN DEIN
LEBEN KOMMEN SOLL.
BITTE GOTT DARUM, DASS DER
HEILIGE GEIST NICHT NUR ALS GAST
ZU BESUCH KOMMT, SONDERN
DASS ER DEIN HERZ UND DEN ORT,
AN DEM DU BIST, ERFÜLLT.
WARTE DANACH MINDESTENS FÜNF
MINUTEN. VIELLEICHT KOMMT DIR
EINE IDEE ODER DU SPÜRST GOTTES
GEGENWART.
WENN NICHT, VERGISS NICHT,
DASS DER HEILIGE GEIST IMMER
BEI DIR IST, UND VERSUCHE
ES MUTIG WIEDER.

## BIBLE | TAG 4

Ihr sollt euer altes Leben wie alte Kleider ablegen. Folgt nicht mehr euren Leidenschaften, die euch in die Irre führen und euch zerstören. Gottes Geist will euch durch und durch erneuern. Zieht das neue Leben an, wie ihr neue Kleider anzieht. Ihr seid neue Menschen geworden, die Gott selbst nach seinem Bild geschaffen hat. Ihr gehört zu Gott und lebt so, wie es ihm gefällt.
Epheser 4,22-24 (HFA)

So wie du jeden Morgen Kleider anziehst, so zieh auch jeden Morgen das «neue Leben» an, das Jesus uns vorgelebt hat und für das der Heilige Geist uns bevollmächtigt. Denn nach zwei, drei Tagen ist es für dich und dein Umfeld auch nicht mehr ganz so angenehm, wenn du dasselbe T-Shirt trägst. Gott bietet dir jeden Tag frische Kleidung an. Wenn du also deine Socken oder deine Unterhose anziehst, kannst du Gott bitten, dass er dir mehr Liebe für den nervenden Sitznachbarn in der Schule gibt. Oder dass er dich mit mehr Geduld für deine Eltern bekleidet. Ziehst du dir ein Shirt über die Ohren, dann sprich dir doch selber zu, dass Gottes Geist dich heute begleitet und dich erneuert.

Werdet stark durch den Herrn und durch die mächtige Kraft seiner Stärke! Legt die komplette Waffenrüstung Gottes an, damit ihr allen hinterhältigen Angriffen des Teufels widerstehen könnt.
Epheser 6,10-11

## ACTION STEP

WENN DU DEN BIBELTEXT IM
EPHESERBRIEF WEITERLIEST, FINDEST
DU SECHS GEGENSTÄNDE, DIE DIESE
WAFFENRÜSTUNG AUSMACHEN.
LIES EPHESER 6,14-17 IN DEINER BIBEL
UND MARKIERE DIE SECHS GEGENSTÄNDE.
ÜBERLEGE DIR JETZT, WAS WOHL
DAMIT GEMEINT IST, UND VERSUCHE,
ES AUF DEIN LEBEN ZU BEZIEHEN.

# ACTION | TAG 5

Ihr seid das Licht der Welt. Lasst euer Licht leuchten vor den Leuten, damit sie eure guten Werke sehen und euren Vater im Himmel preisen.
Matthäus 5,14–16 (LUT)

Die Idee eines U-Boots ist, dass es sich unter Wasser fortbewegen kann, ohne entdeckt zu werden. Manchmal leben wir auch unseren Glauben an Jesus wie ein U-Boot – wir bleiben unentdeckt und schwimmen immer tief genug unter der Wasseroberfläche. Das entspricht aber nicht der Idee von Jesus. Im Gegenteil: Wir sollen klar sichtbar vor den Menschen unser Licht und unseren ansteckenden Lifestyle leuchten lassen, damit andere Gott erkennen und ihn auch kennenlernen können. Auftauchen ist angesagt.

**Gegenüber welcher Person willst du keinen U-Boot-Glauben mehr leben?**

Name: _ _ _ _ _ _ _ _ _ _ _ _ _ _ _ _ _ _ _ _ _

**Für welche Person kannst du heute dein Licht scheinen lassen?**

Name: _ _ _ _ _ _ _ _ _ _ _ _ _ _ _ _ _ _ _ _ _

**Womit oder wodurch lässt du dein Licht bei dieser Person scheinen?**

_ _ _ _ _ _ _ _ _ _ _ _ _ _ _ _ _ _ _ _ _ _ _ _ _ _ _ _ _ _ _ _ _ _ _

_ _ _ _ _ _ _ _ _ _ _ _ _ _ _ _ _ _ _ _ _ _ _ _ _ _ _ _ _ _ _ _ _ _ _

_ _ _ _ _ _ _ _ _ _ _ _ _ _ _ _ _ _ _ _ _ _ _ _ _ _ _ _ _ _ _ _ _ _ _

_ _ _ _ _ _ _ _ _ _ _ _ _ _ _ _ _ _ _ _ _ _ _ _ _ _ _ _ _ _ _ _ _ _ _

_ _ _ _ _ _ _ _ _ _ _ _ _ _ _ _ _ _ _ _ _ _ _ _ _ _ _ _ _ _ _ _ _ _ _

# LEARN | TAG 6

Wenn man einen Frosch in einen Kochtopf mit kaltem Wasser legt und dieses Wasser dann langsam erhitzt, springt der Frosch nicht heraus. Er gewöhnt sich an die steigende Temperatur, bis es zu spät ist und die Hitze ihn hopsgehen lässt.

Ganz ähnlich ist es mit dem Glauben. Wenn du passiv dasitzt und dich glaubensmäßig nicht bewegst, wird dieser die Temperatur deines Umfelds annehmen und irgendwann «hopsgehen». Aber du kannst dich auch entscheiden, nicht einfach sitzen zu bleiben, sondern aktiv zu werden und einen Sprung aus dem gemütlichen Topf zu wagen.

**Deshalb orientiert euch nicht am Verhalten und an den Gewohnheiten dieser Welt, sondern lasst euch von Gott durch Veränderung eurer Denkweise in neue Menschen verwandeln. Dann werdet ihr wissen, was Gott von euch will: Es ist das, was gut ist und ihn freut und seinem Willen vollkommen entspricht.**
Römer 12,2

Das hier verwendete griechische Wort für «Veränderung» heißt anakaínosis. Es bedeutet «Erneuerung». Um den SHINE Lifestyle zu leben, müssen wir unsere Denkweise regelmäßig von Gott «anakaínoisieren» lassen. So sehen wir Dinge, wie Gott sie sieht, und sind fähig zu handeln, wie Jesus es tat.

## ACTION STEP

NIMM EINEN KUGELSCHREIBER ODER STIFT ZUR
HAND UND ZEICHNE EIN FRAGEZEICHEN SICHTBAR AUF
EINEN DEINER HANDRÜCKEN. DAS FRAGEZEICHEN
HILFT DIR BEI FOLGENDER AUFGABE: ÜBERLEGE DIR
HEUTE IMMER WIEDER, WAS JESUS AN DEINER
STELLE TUN WÜRDE. ALLERDINGS IST ES VÖLLIG OKAY,
WENN DU BEI DER FRAGE, WELCHE SOCKEN DU
ANZIEHEN SOLLST, DEIN HIRN EINSCHALTEST UND
SELBST ÜBERLEGST. AUS IRGENDEINEM GRUND
HAT GOTT ES DIR JA GEGEBEN.

## ANLEITUNG

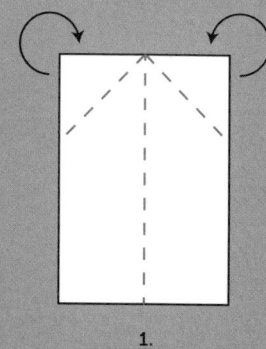

1.

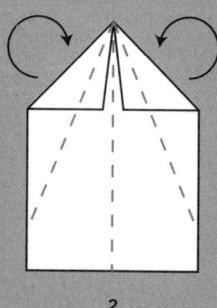

2.

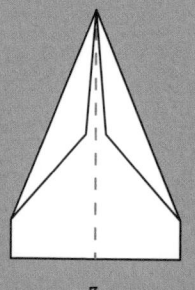

3.

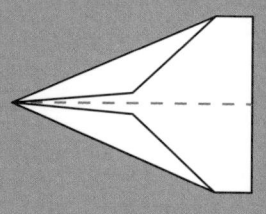

4.

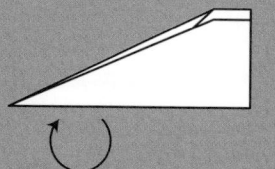

5.

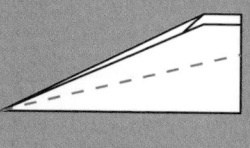

6.

## SURPRISE | TAG 7

Schnall dich an und starte mit Gott so richtig durch. Nimm ein Blatt Papier und falte den Flieger gemäß Anleitung zusammen. Und dann versuch, ihn möglichst schön auf ein Ziel zugleiten zu lassen. Vermutlich wird der Flieger es nicht haargenau treffen. So läuft es manchmal auch im Leben mit Gott. Wir peilen zwar eine Richtung an, aber Gott führt uns genau dorthin, wo wir hingehören. Entscheidend ist, DASS du dich in Bewegung setzt. Bist du «ready for take-off»?

# EINHEIT

## 2

# Share Faith

> «Mission heißt, zeigen,
> was man liebt.»

Fulbert Steffensky

# PERSONAL-TIME / COMMUNITY-TIME | TAG 1

Es ist Zeit, dich für das zweite Kapitel «Share Faith» einzuchecken und den Clip anzusehen oder ihr trefft euch als Gruppe, um in diese Einheit gemeinsam zu starten.

Eigentlich könnte man nach dem Booster mit jedem der fünf Buchstaben beginnen. Wir haben uns für «S» entschieden, weil aus SHINE sonst HNSEI, EISNH oder NEIHS werden würde, und das macht ja gar keinen Sinn. Mit dem Thema «Share Faith» wirst du also direkt herausgefordert, dir mit deinem Glauben nicht gemütlich das Leben einzurichten und zu verzieren, sondern ihn aktiv zu leben und weiterzugeben. Auch sind nicht gelegentliche evangelistische Einsätze gemeint, sondern die Menschen um dich herum sollen die «Gute Nachricht»* hören, sehen, schmecken und verstehen. Denn es reicht nicht aus, den Glauben in die richtigen Worte zu verpacken und sie dann jedem um die Ohren zu hauen. Es geht um einen Lebensstil, der eine Botschaft hat.

**Die Bibel**
**Ja, es ist offensichtlich, dass ihr ein Brief seid, den Christus selbst verfasst hat und der durch unseren Dienst zustande gekommen ist. Er ist nicht mit Tinte geschrieben, sondern mit dem Geist des lebendigen Gottes, und die Tafeln, auf denen er steht, sind nicht aus Stein, sondern aus Fleisch und Blut; es sind die Herzen von Menschen.**
2. Korinther 3,3 (NGÜ)

Dein Leben ist wie ein Brief, in dem andere Menschen lesen und entdecken können, wer Jesus ist. Es sind nicht nur die Worte, die du sagst, sondern dein ganzer Lebensstil, was dich als Christen auszeichnet. Und genau das bedeutet «Share Faith».

**Und du?**
• Hast du schon erlebt, wie andere dich auf deinen Glauben angesprochen haben? Wie war das? Was hast du gesagt?
• Wurdest du bereits einmal abgewiesen, weil du über Jesus/deinen Glauben geredet hast?
• Über welche Themen fällt es dir leicht zu reden (Sport, TV, Ausgehen etc.)? Was ist anders/gleich, wenn du über Jesus/den Glauben sprichst?

------------------------------------------------
* Das griechische Wort euangelion bedeutet auf Deutsch «gute Nachricht».

Einheit 2 | Share Faith

don't hide

## HEART | TAG 2

«Mir ist alle Macht im Himmel und auf der Erde gegeben. Darum geht zu allen Völkern und macht sie zu Jüngern. Tauft sie im Namen des Vaters und des Sohnes und des Heiligen Geistes und lehrt sie, alle Gebote zu halten, die ich euch gegeben habe. Und ich versichere euch: Ich bin immer bei euch bis ans Ende der Zeit.» Matthäus 28,18-20

Das ist einer der bekanntesten Bibelverse überhaupt. Viele Christen nennen ihn den «Missionsbefehl» und damit ist auch schon erklärt, warum diese Stelle oft mehr Druck als Begeisterung bei ihnen auslöst.

**Was ist mit dir?**
Was löst der Text aus Matthäus 28,18-20 bei dir für Gedanken aus?

---

---

---

In der deutschen Übersetzung stehen hier vier Imperative (Befehlsform): Geht! Macht! Tauft! Lehrt! Im griechischen Original sieht das etwas anders aus. Da steht der Imperativ nur bei «macht sie zu Jüngern». Jesus beruft uns dazu, Menschen zu Jüngern zu machen, und das tun wir gehend, taufend und lehrend. Jesus erklärt hier also, wie das mit dem Jüngermachen praktisch funktioniert. Was löst das bei dir aus und wie könntest du das in deinem Alltag konkret umsetzen?

---

Jesus macht hier übrigens ein großartiges Versprechen, das manchmal ganz untergeht: «**Und ich versichere euch: Ich bin immer bei euch bis ans Ende der Zeit**» (Matthäus 28,20). Was bedeutet das für dich, dass Jesus immer bei dir sein wird?

---

---

FORTSETZUNG ≫

Einheit 2 | Share Faith

# ACTION STEP

DEN GLAUBEN MIT ANDEREN ZU TEILEN, KANN
ABER AUCH GANZ SCHÖN SCHWIERIG SEIN, ODER?!
WELCHE AUSSAGEN TREFFEN AUF DICH ZU?

O   ICH HABE ANGST VOR DER
     REAKTION DER MENSCHEN.
O   ICH KANN NICHT GUT REDEN.
O   ICH GLAUBE, ICH BIN ZU WENIG HEILIG,
     ALS DASS GOTT MICH BRAUCHEN KÖNNTE.
O   ICH FÜRCHTE, ES KÖNNTE PEINLICH WERDEN.
O   ICH WILL DEN GLAUBEN FÜR MICH BEHALTEN.
O   ICH WEISS NICHT, WIE.
O   ES IST MIR EGAL.
O   ICH FINDE, ICH SEHE NICHT GUT GENUG AUS.
O   ICH BIN ZU BESCHÄFTIGT.
O   ICH DENKE, ES INTERESSIERT NIEMANDEN,
     WAS ICH GLAUBE.
O   JEDER SOLL DOCH GLAUBEN, WAS ER WILL.

O   _____

O   _____

Denn ich schäme mich nicht für die
gute Botschaft von Christus.*
Diese Botschaft ist die Kraft Gottes,
die jeden rettet, der glaubt
- die Juden zuerst, aber auch alle
anderen Menschen.

**Römer 1,16**

* Hast du dich schon mal für Jesus geschämt? Hattest du ein schlechtes Gewissen
deswegen? Petrus, einer der besten Freunde von Jesus auf Erden, hat Jesus
dreimal verraten und er hatte ganz sicher ein schlechtes Gewissen. Aber Jesus
blieb sein Freund und schrieb mit ihm Geschichte. Lass dich nicht entmutigen.

# GET READY | TAG 3

Das beste Beispiel für «Share Faith» ist und bleibt Jesus! Er ist nicht einfach quer durch Israel gelatscht und hat überall und allen das Evangelium gepredigt. Stattdessen hat er sich immer auch Zeit für die Menschen genommen und war nahbar. Er aß mit Gaunern (z.B. Lukas 19,1-10), verbrachte Zeit mit Ausländern (z.B. Johannes 4,1-26), führte Gespräche mit Intellektuellen (z.B. Johannes 3,1-21) und war für Kranke da (z.B. Johannes 5,1-16). Anstatt die immer gleiche Predigt zu halten, war er für die Menschen ganz da, erzählte Geschichten, ging auf Fragen ein und führte auch mal hitzige Debatten.

Für ihn war es das Natürlichste überhaupt, seinen Glauben mit den Menschen zu teilen, mit denen er zusammen war. Das darf für uns heute auch so sein. Es geht bei «Share Faith» nicht darum, uninteressierten Zuhörern unsere Glaubenssicht um die Ohren zu hauen, sondern in unserem natürlichen Umfeld zu SHINEn. Die Menschen um uns herum sollen erleben, was es bedeutet, einen lebendigen Glauben zu haben, weil sie uns kennen. Eigentlich ganz einfach, oder?!

Deine persönliche Geschichte mit Gott, wie du ihn kennengelernt hast, was du schon mit ihm erlebt hast und wie du Zeit mit ihm verbringst, spielt dabei eine entscheidende Rolle. Du musst dir keine Geschichten ausdenken oder immer die richtige Antwort bereithaben, sondern einfach offen sein und dich von Gott überraschen lassen.

# ACTION STEP

**MIT WELCHEN MENSCHEN BIST DU TAGTÄGLICH ZUSAMMEN?
WO UND WIE SEHEN UND ERLEBEN SIE DEINEN GLAUBEN?
WIE WIRD DEIN GLAUBE FÜR SIE SICHTBAR?**

_____

_____

_____

**WARUM FÄLLT ES DIR SCHWER/LEICHT, DEINEN GLAUBEN IM
ALLTAG ZU LEBEN UND IHN SO MIT DEN MENSCHEN UM DICH
HERUM GANZ NATÜRLICH ZU TEILEN?**

_____

_____

_____

# BIBLE | TAG 4

Die Bibel ist die Geschichte davon, wie Gott alles dafür tut, um den Menschen nahe zu sein und sie spüren und sehen zu lassen, wie groß seine Liebe für sie ist. Den Glauben mit anderen zu teilen, bedeutet vor allem eins: andere mit in unsere Geschichte mit Gott hineinzunehmen und sie erkennen lassen, was Gott in unserem Leben tut.

**Aber ihr werdet den Heiligen Geist empfangen und durch seine Kraft meine Zeugen sein in Jerusalem und Judäa, in Samarien und auf der ganzen Erde.**
Apostelgeschichte 1,8 (HFA)

Es beginnt in deiner Stadt (Jerusalem), geht weiter in deine Region (Judäa), von da in die Nachbarregion (Samaria) und schließlich in den Rest der Welt. Wo auch immer du dich aufhältst, bist du Botschafter und andere sollen und dürfen sehen, was dein Glaube in deinem Leben bewirkt.

Ein Jünger erlebt Jesus live und in Farbe. Und weil er etwas erlebt hat, hat er auch etwas weiterzuerzählen und zu teilen. Gott schreibt seine Geschichte mit Menschen. Auch du bist wie ein lebendiger, greifbarer und sichtbarer Brief, den Gott geschrieben hat und den andere Menschen lesen können. Du brauchst nur dein Leben für andere Menschen zu öffnen, damit dein Brief für andere lesbar wird.

**Ehrt vielmehr Christus, den Herrn, indem ihr ihm von ganzem Herzen vertraut. Und seid jederzeit bereit, jedem Rede und Antwort zu stehen, der euch auffordert, Auskunft über die Hoffnung zu geben, die euch erfüllt. Aber tut es freundlich und mit dem gebotenen Respekt, immer darauf bedacht, ein gutes Gewissen zu haben.**
1. Petrus 3,15-16a (NGÜ)

Wenn du den SHINE Lifestyle lebst, wird das auffallen - garantiert. Menschen werden Fragen stellen oder einfach nur interessiert zuschauen, wie du deinen Glauben ganz konkret lebst. Und das hat die Kraft, ihr Leben zu verändern.

Denn Gott hat uns nicht einen Geist der Furcht gegeben, sondern einen Geist der Kraft, der Liebe und der Besonnenheit.

2. Timotheus 1,7

## ACTION STEP

FOTOGRAFIERE DAS LÖWEN-BILD UND NIMM ES ALS HINTERGRUNDBILD DEINES SMARTPHONES, DAMIT DU IMMER DARAN ERINNERT WIRST, FURCHTLOS DEN GLAUBEN ZU TEILEN.

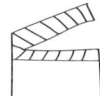

## ACTION | TAG 5

Bevor du jetzt einen nächsten Schritt wagst, wollen wir dich daran erinnern, woher deine Strahlkraft und dein Licht kommen:

**Jesus sagte zu den Leuten: «Ich bin das Licht der Welt. Wer mir nachfolgt, braucht nicht im Dunkeln umherzuirren, denn er wird das Licht haben, das zum Leben führt.»**
Johannes 8,12

Hast du gewusst, dass der Mond selbst eigentlich überhaupt nicht leuchtet? Er reflektiert das Licht der Sonne, das auf ihn scheint, und so wird er zur Lichtquelle in der Nacht. Beim SHINE Lifestyle ist das ähnlich. Wir selbst sind nicht immer die Hellsten und wir müssen uns auch nicht anstrengen, um hell zu leuchten. Wir dürfen aber Gottes Licht, das Licht von Jesus in uns, reflektieren und so ein Licht für unser Umfeld sein. Das bedeutet «Reflecting God's Love»!

**Ihr seid das Licht der Welt. Eine Stadt, die auf einem Berg liegt, kann nicht verborgen bleiben. Auch zündet niemand eine Lampe an und stellt sie dann unter ein Gefäß. Im Gegenteil: Man stellt sie auf den Lampenständer, damit sie allen im Haus Licht gibt. So soll auch euer Licht vor den Menschen leuchten: Sie sollen eure guten Werke sehen und euren Vater im Himmel preisen.**
Matthäus 5,14–16 (NGÜ)

# THE FOUR

Entdecke THE FOUR auf thefour.com.

## ACTION STEP

MIT DER SHINE EXPERIENCE
HAST DU AUCH EIN THE FOUR-
ARMBAND BEKOMMEN UND
SPÄTESTENS JETZT IST DER
ZEITPUNKT, UM ES ENDLICH IN
GEBRAUCH ZU NEHMEN.
DAS BESONDERE AN DIESEM
ARMBAND IST, DASS ES IM
DUNKELN LEUCHTET. LEGE ES
INS LICHT (UND LADE ES
DADURCH AUF), ZIEHE ES AN
UND ERINNERE DICH DARAN,
DASS DU GOTTES LIEBE IN
DEINEM UMFELD REFLEKTIERST.
DAS ZWEITE THE FOUR-
ARMBAND IST NICHT EINFACH
ALS ERSATZ GEDACHT, SONDERN
ALS GESCHENK FÜR JEMAND
ANDEREN.

**LEVEL 1**
DU SCHENKST ES
DEINEM BRUDER, DEINER
SCHWESTER ODER SONST EINER
PERSON, BEI DER ES DICH
WENIG MUT KOSTET.

**LEVEL 2**
DU SCHENKST ES EINER
DIR BEKANNTEN PERSON, DIE
THE FOUR NICHT KENNT.
FRAG SIE, WAS WOHL DIESE
ZEICHEN BEDEUTEN KÖNNTEN.

**LEVEL 3**
DU GEHST AUF EINE
WILDFREMDE PERSON ZU
UND SCHENKST IHR DAS ARM-
BAND. DABEI KANNST DU IHR
AUCH GLEICH ERKLÄREN, WAS
DIE SYMBOLE BEDEUTEN.

«Verkünde das Evangelium und
wenn nötig, gebrauche Worte dazu.»

Franz von Assisi

# LEARN | TAG 6

Wir Menschen sind Gottes große Liebe. Über alle Zeiten hinweg ist es sein Wunsch, uns persönlich zu begegnen - er will dir nahe sein und dein Leben mitprägen. Das ist seine Leidenschaft und sein Antrieb:

Er (Gott) möchte, dass jeder gerettet wird und die Wahrheit erkennt.
1. Timotheus 2,4

Gott zwingt sich niemandem auf, sondern will uns gewinnen und nahe sein. Sein Wunsch ist es, dass alle Menschen ihn kennenlernen - nicht einfach ein paar religiös Interessierte. Anstatt laut und gewaltig aufzutreten, hat er sich dazu entschieden, durch uns andere zu erreichen. Am letzten Abend mit seinen Jüngern macht Jesus ihnen Mut und spricht ihnen sein Vertrauen aus. Sie sind das Licht der Welt und sie werden diese Welt verändern. Das gilt auch für dich heute!

Ich nenne euch nicht mehr Diener, weil ein Herr seine Diener nicht ins Vertrauen zieht. Ihr seid jetzt meine Freunde, denn ich habe euch alles gesagt, was ich von meinem Vater gehört habe.
Johannes 15,15

Du bist nicht einfach ein Diener oder Sklave von Jesus, der willenlos zu tun hat, was man ihm sagt. Jesus nimmt dich mit hinein in seine Mission und er nimmt dich ernst. Was du über ihn weißt, mit ihm erlebt und von ihm gehört hast, musst du nicht für dich behalten, sondern darfst es mit anderen teilen. So verändert dein Glaube dein Umfeld.

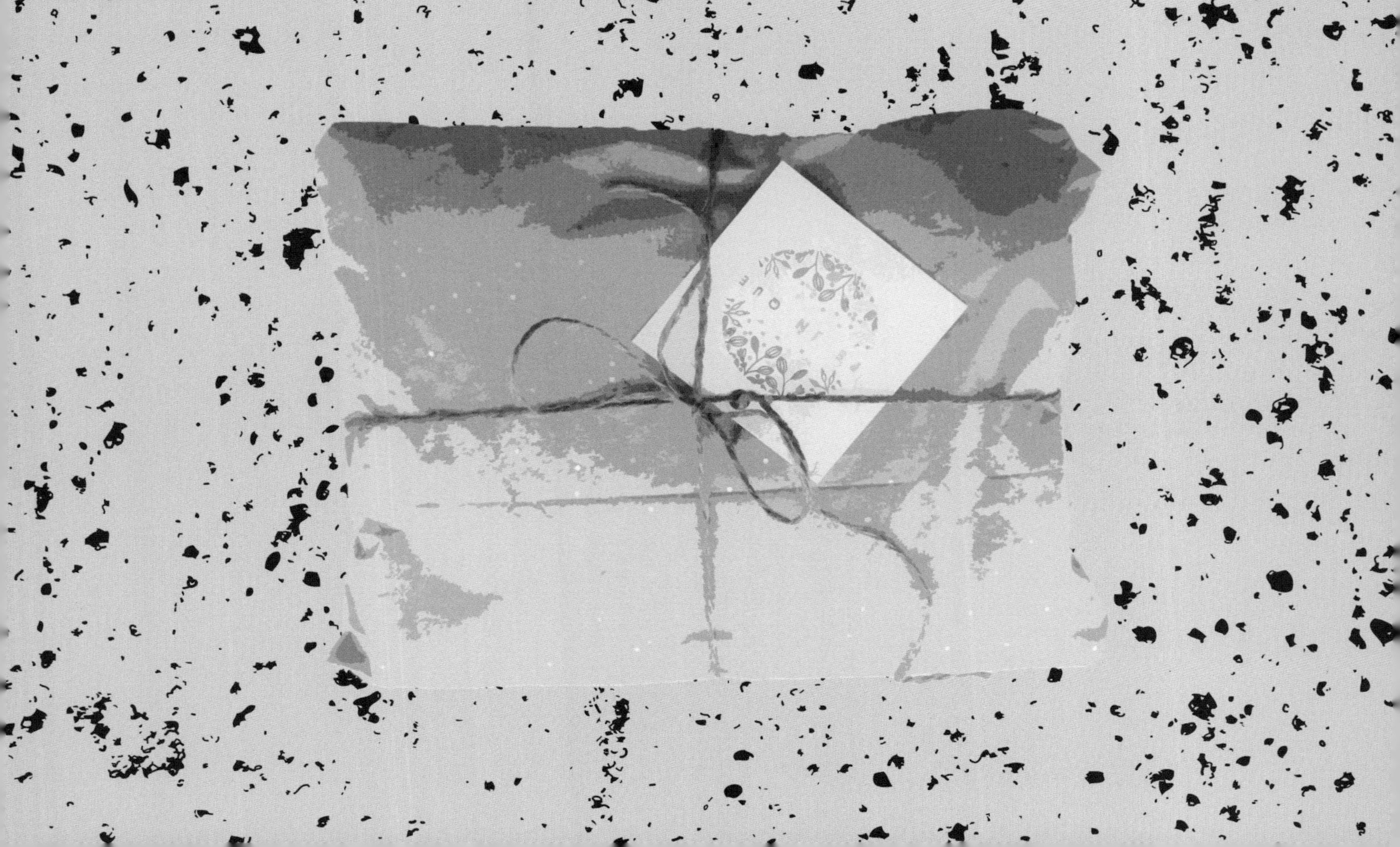

## SURPRISE | TAG 7

In dieser Einheit hast du entdeckt, wie vielseitig und alltagsnah du deinen Glauben mit den Menschen um dich herum teilen kannst. Jetzt ist es an der Zeit, dass du loslegst und dich zu einem mutigen Schritt aufmachst. Du weißt, auf welche Art es für dich am natürlichsten ist, deinen Glauben zu teilen. Überlege dir nun, welche Aktion am besten zu dir passt, und führe diese in den nächsten 24 Stunden durch.

• Kaufe dir Straßenkreide und zeichne die vier Symbole von THE FOUR auf den Boden an einem beliebten Platz. Sprich mit Menschen über diese vier Symbole und was sie dir bedeuten.

• Bete mindestens 5 Minuten für deine Freunde und segne sie.

• Tue jemandem etwas Gutes, weil er/sie es dir wert ist.

• Sei mutig und biete einer Person aus deinem Umfeld Gebet an (für eine bevorstehende Prüfung, eine Not oder einfach so).

• Lade eine(n) Freund(in) in deine Jugendarbeit, Gemeinde etc. ein. Wenn du gerne dort bist, könnte es ihnen ja auch gefallen.

• Bekenne Farbe! Gott, Religion und Glaube sind immer mal wieder Thema in der Schule oder deinem Sportverein? Vertrete deine Werte und erkläre, woher du sie hast.

Es kann übrigens auch mal dran sein, etwas zu tun oder zu sagen, was dir nicht so liegt. Sei einfach offen für Gottes Reden und seine Möglichkeiten in deinem Leben.

# 3

## EINHEIT

## Hug People

Lasst uns nicht müde werden, das Gute
zu tun; denn wenn wir darin nicht
nachlassen, werden wir ernten, sobald
die Zeit dafür gekommen ist.
Deshalb wollen wir, solange wir noch
Zeit haben, allen Menschen Gutes
tun, besonders aber denen, die mit uns
im Glauben verbunden sind.

Galater 6,9-10 (EÜ)

# PERSONAL-TIME / COMMUNITY-TIME | TAG 1

Um so richtig ins Thema «Hug People» einzutauchen, sieh dir in der App oder in der Community-Time den Clip dazu an. Davor unbedingt zuerst in das neue Kapitel einchecken.

«Liebe Gott und deinen Nächsten wie dich selbst!»
nach Lukas 10,27

In diesen Worten ist alles zusammengefasst, worum es Gott beim Thema Liebe geht. Praktisch gelebte Nächstenliebe ist absolut zentral. In dieser Einheit erfährst du, was es heißt, sich Jesus ganz zur Verfügung zu stellen und um Gelegenheiten zu beten, andere Menschen zu «umarmen». Besonders auch solche, die dir nicht auf Anhieb sympathisch sind.

**Die Bibel**
Lies die beiden Geschichten in Lukas 10,25-42:
Der barmherzige Samariter und Jesus bei Maria und Martha.

**Und du?**
- Was ist deine bevorzugte Art, Liebe zu erhalten?
- Wie zeigst du gerne Liebe oder dass du jemanden magst?
- Wo hast du kürzlich erlebt, dass du nicht nur Gutes getan hast, sondern auch, wie Galater 6,9 sagt, «geerntct hast» – das heißt selbst gesegnet worden bist? Nächstenliebe drückt sich in praktischer Hilfe aus; im Geben und im Dienen, aber auch im Zuhören und Anteilnehmen.

# HEART | TAG 2

Behandelt die Menschen so, wie ihr selbst von ihnen behandelt werden wollt.
Matthäus 7,12 (GNB)

Von welcher Person (Mutter, Vater, Freundin, Leiter, Nachbar usw.) bekommst du ganz schön viel Liebe und wie drückt sich diese aus?

---

---

---

Welche Art von «hug» («Umarmung» hier im Sinne von: Zuneigung zeigen) fällt dir leicht?

1 = ist super anstrengend und doof
5 = ist super einfach und kostet mich nichts

| | | | | | |
|---|---|---|---|---|---|
| ermutigen | 1 ☐ | 2 ☐ | 3 ☐ | 4 ☐ | 5 ☐ |
| praktisch helfen | 1 ☐ | 2 ☐ | 3 ☐ | 4 ☐ | 5 ☐ |
| schenken | 1 ☐ | 2 ☐ | 3 ☐ | 4 ☐ | 5 ☐ |
| zuhören | 1 ☐ | 2 ☐ | 3 ☐ | 4 ☐ | 5 ☐ |
| etwas unternehmen | 1 ☐ | 2 ☐ | 3 ☐ | 4 ☐ | 5 ☐ |
| miteinander essen | 1 ☐ | 2 ☐ | 3 ☐ | 4 ☐ | 5 ☐ |
| nachfragen | 1 ☐ | 2 ☐ | 3 ☐ | 4 ☐ | 5 ☐ |
| besuchen | 1 ☐ | 2 ☐ | 3 ☐ | 4 ☐ | 5 ☐ |
| erklären | 1 ☐ | 2 ☐ | 3 ☐ | 4 ☐ | 5 ☐ |
| einladen | 1 ☐ | 2 ☐ | 3 ☐ | 4 ☐ | 5 ☐ |
| beten | 1 ☐ | 2 ☐ | 3 ☐ | 4 ☐ | 5 ☐ |

# ACTION STEP

NIMM DEINE BIBEL UND LIES DARIN LUKAS 10,25–37
NIMM DIR ZEIT, UM FOLGENDE FRAGEN
ZU BEANTWORTEN:

1. WANN HABE ICH KÜRZLICH GEDACHT:
«EIN ANDERER WIRD'S DANN SCHON MACHEN?»
(DER SAMARITER HAT KONKRET GEHOLFEN!)

2. WER IST MEIN NÄCHSTER, BEI DEM MEINE
HILFE GEFRAGT IST?

3. DARF ES MICH AUCH ETWAS KOSTEN, «HUGS» ZU
VERTEILEN (Z.B. GELD, ZEIT, ENERGIE, VERZICHT)?
WO FÄLLT MIR DAS SCHWER?

4. HELFE ICH AUCH DANN, WENN ICH KEINE
GEGENLEISTUNG ERWARTEN KANN?

# GET READY | TAG 3

**Werdet nicht müde, Gutes zu tun. Es wird eine Zeit kommen, in der ihr eine reiche Ernte einbringt. Gebt nur nicht vorher auf!**
Galater 6,9 (HFA)

Schreibe auf dieser Seite zu jedem Buchstaben des ABCs eine Liebestat hin, die du tun könntest:

A _____
B _____
C _____
D _____
E _____
F _____
G Gespräch mit Außenseiter suchen, oder … _____
H _____
I _____
J _____
K Komplimente weitergeben oder … _____
L _____
M _____
N _____
O _____
P Pausenbrot teilen oder … _____
Q _____
R _____
S _____
T _____
U _____
V _____
W _____
X _____
Y _____
Z _____

## ACTION STEP

**STREICHE MIT EINEM LEUCHTSTIFT
ZWEI «HUGS» AN, DIE DU HEUTE
UMSETZEN MÖCHTEST.**

# BIBLE | TAG 4

Nimm deine Bibel und lies darin Lukas 15,11-32. Bete, bevor du liest, dass du dabei Gottes Stimme hörst und von ihm lernst. Mach das, bevor du hier weiterliest.

Für den Vater muss es wie ein Schlag ins Gesicht gewesen sein, als sein Sohn ihn bat, ihm seinen Erbanteil auszubezahlen. Zu jener Zeit war das ein klares Signal, dass sich der Sohn komplett gegen seine Familie stellte. Ebenso war es unüblich und galt als ziemlich unangebracht, dass ein älterer Mann rannte. Wenn wir in dieser Geschichte den Vater etwas genauer unter die Lupe nehmen, kommen ganz spannende Details zum Vorschein.

- **Der Vater hält nach seinem Sohn Ausschau, sonst würde er ihn nicht von Weitem erkennen.**
- **Der Vater rennt dem Sohn entgegen.**
- **Der Vater macht dem Sohn keine Vorwürfe.**
- **Der Vater fragt nicht, wo der Sohn die ganze Zeit gewesen ist, sondern nimmt ihn wieder in seinem Haus auf.**
- **Der Vater gibt dem Sohn Schuhe und damit den Stand eines freien Mannes (im Gegensatz zu einem barfüßigen Sklaven).**
- **Der Vater kleidet den Sohn in einen Mantel und deckt so symbolisch seine Sünden zu.**
- **Der Vater steckt dem Sohn einen Ring an den Finger und zeigt damit, dass er wieder zur Familie gehört.**

Genau das, was der Vater in diesem Gleichnis tut, macht Gott für dich. Er umarmt dich voller Liebe, egal, was in deinem Leben schon passiert ist. Er sagt dir, dass sein Haus dein Zuhause ist und dir seine überfließende Liebe gilt. Diese Liebe hat ihn etwas gekostet. In Jesus ist er am Kreuz für dich gestorben: Das ist die göttliche Umarmung für dich. Es zeigt, dass Gott nach dir Ausschau hält, weil er dich in seiner Nähe haben will und eine ganz persönliche Beziehung zu dir sucht. Er ist nicht nachtragend, ganz egal, wo du die letzten Monate oder Jahre verbracht hast. Er umarmt dich sogar, wenn du nach Schweinen riechst.

## ACTION STEP

KOMMEN DIR DINGE IN DEN SINN, DIE DU VERBOCKT HAST? KANNST DU GLAUBEN, DASS GOTT DICH TROTZ ALL DEINER ECKEN UND KANTEN LIEBT? NIMM DIR DREI MINUTEN ZEIT UND STELL DIR VOR, WIE GOTT, DEIN HIMMLISCHER VATER, AUF DICH ZULÄUFT UND DICH LEIDENSCHAFTLICH «HUGT». WOW! DAS TUT GUT. WAS GLAUBST DU, WIE GUT ES WOHL ANDEREN MENSCHEN TUT, WENN SIE «GEHUGT» WERDEN?

## ACTION | TAG 5

Erstelle eine Liste mit deinen Freunden – also zum Beispiel deiner Schulklasse. Falls du eine Lehr- oder Arbeitsstelle hast, kannst du die Namen deiner Arbeitskollegen aufschreiben oder die Mitglieder deiner Unterwasser-Nordic-Walking-Hobbytruppe. Mach das mal – also das mit der Liste, nicht das Unterwasser-Dings – und lies unbedingt erst nachher auf der nächsten Seite weiter!

## DEINE LISTE:

------------------------------------------------------------

------------------------------------------------------------

------------------------------------------------------------

------------------------------------------------------------

------------------------------------------------------------

------------------------------------------------------------

## ACTION STEP

ÜBERLEGE DIR JETZT NOCH EINMAL GENAU, OB DAS ALLE SIND ODER OB DU NOCH EINE ODER MEHRERE PERSONEN VERGESSEN HAST. DEINE AUFGABE IST ES NUN, EINE PERSON, DIE DU VERGESSEN HAST ODER DIE GANZ UNTEN AUF DEINER LISTE STEHT, ZU «HUGEN». ÜBERLEGE DIR, WAS DU IHR GUTES TUN KANNST. DAS KANN EINE NETTE ÜBERRASCHUNGS-SMS SEIN, EIN KLEINES GESCHENK ODER WAS IMMER DIR EINFÄLLT. ES IST SEHR WAHRSCHEINLICH, DASS DIE PERSONEN UNTEN AUF DER LISTE NICHT ZU DEINEM ENGSTEN FREUNDESKREIS GEHÖREN. UND GENAU DA ZEIGT SICH OFT GOTTES LIEBE. NICHT DA, WO WIR MENSCHEN LIEBEN, DIE WIR SOWIESO SCHON GERNHABEN, SONDERN BEI DENEN, DIE UNS AUF DEN ERSTEN BLICK NICHT IMMER LIEBENSWERT ERSCHEINEN. IST DIR SCHON EINMAL AUFGEFALLEN, WIE OFT JESUS SICH MIT MEN-SCHEN AM RANDE DER GESELLSCHAFT ABGEGEBEN HAT, UM IHNEN GOTTES LIEBE NÄHERZUBRINGEN? IN 1. JOHANNES 2,6 HEISST ES: «WER BEHAUPTET, DASS ER ZU GOTT GEHÖRT, SOLL LEBEN, WIE CHRISTUS ES VORGELEBT HAT.» DARUM: LADE DEN HEILIGEN GEIST EIN, DIR AUFZUZEIGEN, WEN DU «UMARMEN» SOLLST UND WIE DIES KONKRET AUSSEHEN SOLL. UND DANN LOS, GIB DIESER PERSON HEUTE EINEN «HUG»!

## LEARN | TAG 6

Die Geschichten von anderen Menschen zu hören und von ihnen zu lernen, ist immer wieder spannend. Heute hast du eine simple Aufgabe, die das Potenzial hat, dein Leben auf den Kopf zu stellen.

«Ich kümmere mich nie um Menschen-
scharen, sondern nur um eine Person.
Würde ich die Scharen ansehen,
würde ich nie beginnen.»

**Mutter Teresa**

«Gott hat uns zwei Hände gegeben – eine
zum Empfangen und eine andere zum Geben.»

**Billy Graham**

«Was ihr für einen der Geringsten
meiner Brüder und Schwestern getan habt,
das habt ihr für mich getan!»

**Jesus**

## ACTION STEP

NIMM KONTAKT (TELEFON, BESUCH,
E-MAIL) MIT EINER ÄLTEREN PERSON
AUF (OMA, ONKEL, LEITER DER KIRCHE,
NACHBAR), UND FRAGE DIESE, WIE SIE
IN IHREM LEBEN NÄCHSTENLIEBE GELEBT
HAT. DU KANNST ES DAMIT VERBINDEN,
DASS DU DEINER OMA ENDLICH WIEDER
EINMAL SELBST GEPFLÜCKTE BLUMEN
BRINGST. LASS DICH VOM LEBEN EINES
ANDEREN MENSCHEN INSPIRIEREN,
LERNE VON SEINER LEBENSGESCHICHTE
UND SEI GLEICHZEITIG BEREIT, IHN IN
IRGENDEINER FORM ZU «HUGEN».

Ich ergreife in der Kraft
des Heiligen Geistes
die Initiative, um anderen
Gottes Liebe zu
zeigen und überlasse
das Resultat Gott.

## SURPRISE | TAG 7

Schneide den Satz auf der linken Seite aus, lerne ihn auswendig und leg ihn für eine Nacht unter dein Kopfkissen. Teste, ob du den Spruch am nächsten Morgen noch auswendig weißt.

# EINHEIT 4

# Inspire Yourself

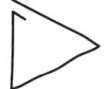

# PERSONAL-TIME | COMMUNITY-TIME | TAG 1

Jetzt in der App einchecken, den Clip zum Thema «Inspire Yourself» schauen und dann hier weiterlesen.

In der letzten Einheit hast du fleißig Menschen umarmt. Nun schaust du mitten in dein Herz hinein. Du entdeckst, wie du Bibellesen, Gebet und das Hören auf Gottes Stimme praktisch und spannend erleben kannst.

## Die Bibel

**Denn alles, was in der Schrift steht, ist von Gottes Geist eingegeben, und dementsprechend groß ist auch der Nutzen der Schrift: Sie unterrichtet in der Wahrheit, deckt Schuld auf, bringt auf den richtigen Weg und erzieht zu einem Leben nach Gottes Willen. So ist also der, der Gott gehört und ihm dient, mithilfe der Schrift allen Anforderungen gewachsen; er ist durch sie dafür ausgerüstet, alles zu tun, was gut und richtig ist.**
2. Timotheus 3,16–17 (NGÜ)

## Und du?

• Wie oft liest du in der Bibel? Was hilft dir dabei, was nicht?
• Erlebst du, dass die Bibel klar zu dir spricht?
• Wo hat dich Gott schon mal durch sein Wort «unterrichtet», etwas gelehrt?
• Wo hast du erlebt, dass du durch Gottes Wort (eine Geschichte aus der Bibel/einen einzelnen Vers) Veränderung erfahren hast?
• Wie hat Gott bereits zu dir gesprochen?

## Für dich alleine

Wenn du die SHINE Experience alleine durchziehst, frage noch heute bei einer Person nach, wie sie die Beziehung zu Gott pflegt und auf seine Stimme hört. Vielleicht spricht dich davon etwas an, das du gleich selber ausprobieren kannst.

## TIPP

LIES DIE BIBEL AM MORGEN MIT DEM
ZIEL, GOTT – UND DICH SELBST –
BESSER KENNENZULERNEN.
• WAS SAGT MIR DIE TEXTSTELLE ÜBER
  GOTT – WER ER IST UND WAS ER TUT?
• WAS SAGT MIR DER TEXT ÜBER MICH
  – WER ICH BIN, WAS ICH (NICHT)
  TUN SOLL?

BESPRICH AM ABEND DEN
TAG MIT JESUS:
• WOFÜR BIN ICH HEUTE AM MEISTEN
  DANKBAR? HIER HAST DU
  GELEGENHEIT, JESUS ZU DANKEN,
  WO ER DIR BEGEGNET IST ODER DICH
  GEBRAUCHT UND BESCHENKT HAT.
• WOFÜR BIN ICH HEUTE AM
  WENIGSTEN DANKBAR?
  HIER HAST DU GELEGENHEIT, SCHULD
  ABZULEGEN, UM VERGEBUNG ZU
  BITTEN ODER ANDEREN ZU VERGEBEN,
  DIE AN DIR SCHULDIG GEWORDEN
  SIND ODER DICH FRUSTRIERT HABEN.

DAS IST WIE GEISTLICHES ATMEN:
AUSATMEN = SCHULD BEKENNEN
            UND VERGEBEN
EINATMEN = DICH WIEDER VOM
            HEILIGEN GEIST
            ERFÜLLEN LASSEN

# HEART | TAG 2

**Wissen zur Bibel**

Das Wort Bibel bedeutet wörtlich «Bücher». Tatsächlich besteht die Bibel aus 66 einzelnen Büchern, die von über 40 Autoren über einen Zeitraum von rund 1 500 Jahren geschrieben wurden. Das Alte Testament wurde im Zeitraum von ca. 1 400 bis ca. 400 v.Chr. auf Hebräisch und Aramäisch verfasst. Das Neue Testament wurde zwischen 30 und ca. 95 n.Chr. in griechischer Sprache verfasst. Die Bibel ist uns Menschen gegeben, damit wir erkennen und erfahren, wer Gott ist, und damit wir von seinen Worten und Gedanken inspiriert werden, wie wir unser Leben gut führen können.

**Wie kann ein junger Mensch in seinem Leben rein von Schuld bleiben? Indem er sich an dein Wort hält und es befolgt.**
Psalm 119,9

Es ist wichtig, dass du Gottes Reden hörst und dich aktiv damit auseinandersetzt. Was empfindest du spontan bei folgenden Sätzen aus der Bibel? Kreuze an:

**Ich danke dir (Gott), dass du mich so herrlich und ausgezeichnet gemacht hast!** Psalm 139,14
☐ volle Zustimmung
☐ äääh, nicht ganz sicher
☐ das kann ich nicht unterschreiben

**Bei Gott ist nichts unmöglich.** Lukas 1,37
☐ volle Zustimmung
☐ äääh, nicht ganz sicher
☐ das kann ich nicht unterschreiben

**Alles trägt zum Besten derer bei, die Gott lieben.** Römer 8,28 (NGÜ)
☐ volle Zustimmung
☐ äääh, nicht ganz sicher
☐ das kann ich nicht unterschreiben

**Lieber arm sein und den Herrn ernst nehmen als reich sein und in ständiger Sorge.** Sprüche 15,16 (GNB)
☐ volle Zustimmung
☐ äääh, nicht ganz sicher
☐ das kann ich nicht unterschreiben

**Dein Wort ist meine Lieblingsspeise, es ist süßer als der beste Honig.** Psalm 119,103 (HFA)

Worte sind wie Nahrung für unser Herz und unseren Geist. Von welchen Worten ernährst du dich? Wenn wir uns nur von Junkfood ernähren, wird man uns das bald ansehen. Leider füttern wir unser Herz oft mit Junknews, Junkworten und Junkwahrheiten. Das erstickt das Leben, und wir glauben den Halbwahrheiten der Welt mehr als der ganzen Wahrheit, die von Gottes Wort kommt. Darum steht in der Bibel, worauf du besonders achtgeben solltest:

**Vor allem aber behüte dein Herz, denn dein Herz beeinflusst dein ganzes Leben.** Sprüche 4,23

## ACTION STEP

DAMIT DAS PRAKTISCH WIRD:
ACHTE HEUTE EINMAL GANZ BEWUSST
DARAUF, WAS DU IN DEIN HERZ
REINLÄSST UND WAS DAS, WAS DA
REINKOMMT, MIT DIR MACHT. PRÄGT ES
DICH POSITIV ODER NEGATIV? MACHT
ES DICH LEBENDIG ODER HINTERLÄSST
ES EINEN SELTSAMEN GESCHMACK?
WECKT ES GLAUBEN IN DIR ODER
ZERSTÖRT ES DEIN VERTRAUEN
ZU JESUS?

NIMM DEINE BIBEL UND LIES LUKAS 6,45.
IN WELCHEM LEBENSBEREICH SOLLTEST
DU DEN SCHLECHTEN INPUT AUF DEIN
HERZ UND DEIN LEBEN STOPPEN?

HIER IST EIN EINFACHES GEBET, DAS DU
GOTT GLEICH JETZT SAGEN KANNST:

> Jesus, du bist der Weg, die Wahrheit
> und das Leben. Bewahre mich davor, dass
> ich Schlechtes in mich hineinlasse,
> und räume aus meinem Herzen aus, was
> nicht hineingehört. Füll mich mit
> deinen Worten. Amen.

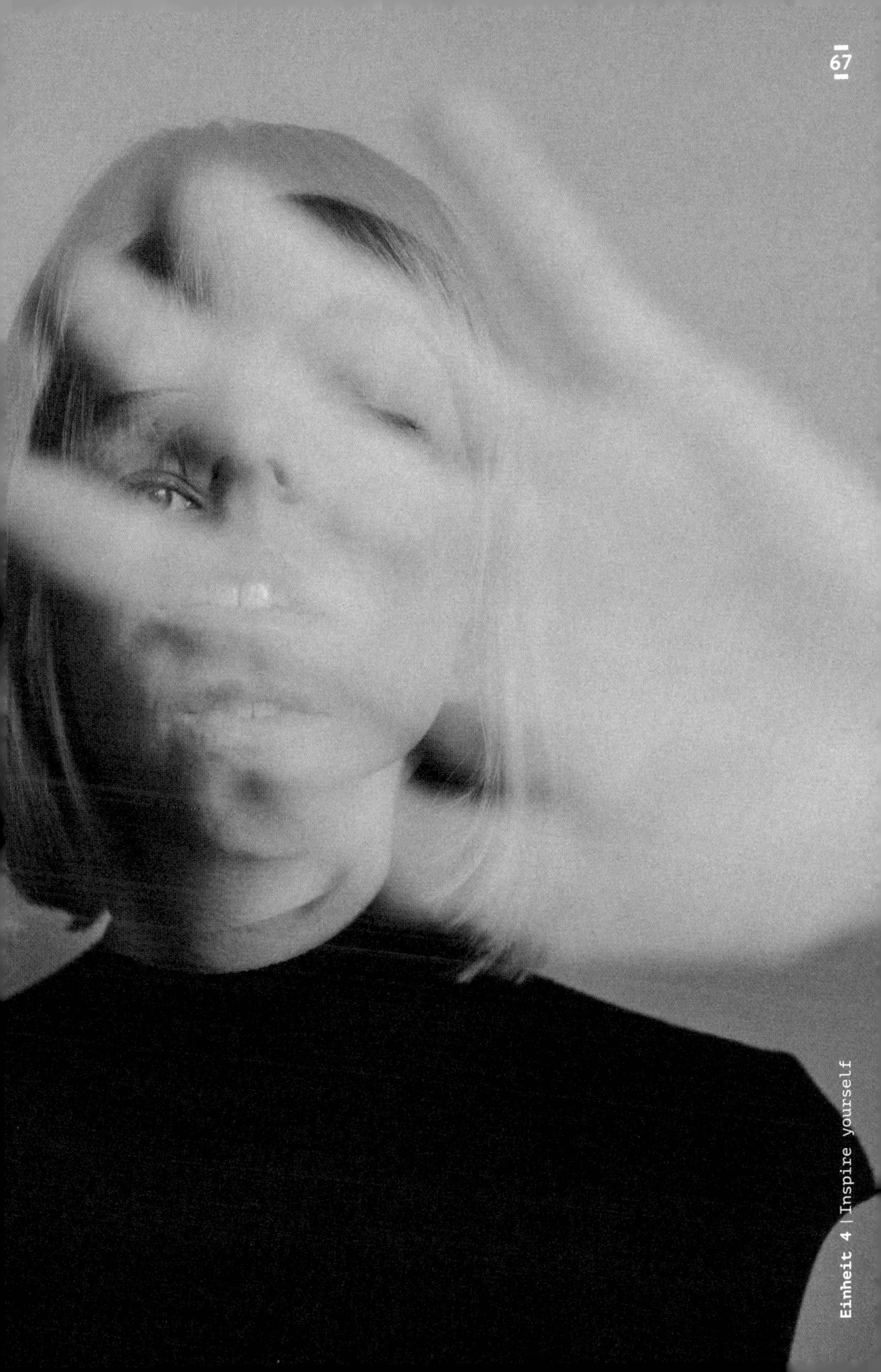

# GET READY | TAG 3

**Wissen zur Bibel**

Es existieren mehr als 5000 griechische, 10000 lateinische und 9300 andere Handschriften des Neuen Testaments. Damit ist das Neue Testament das mit Abstand meistbelegte und bestüberlieferte Buch der Antike. Durch die Analyse dieser Schriften wurde festgestellt, dass der Text der Bibel mit erstaunlicher Genauigkeit bis heute derselbe geblieben ist.

Die Bibel sollte viel mehr sein als ein Staubfänger im Regal. In 2. Timotheus 3,16–17 steht, was Sinn und Zweck von Gottes Wort ist: **Die ganze Schrift ist von Gottes Geist eingegeben und kann uns lehren, was wahr ist, und uns erkennen lassen, wo Schuld in unserem Leben ist. Sie weist uns zurecht und erzieht uns dazu, Gottes Willen zu tun. Durch die Schrift bereitet Gott uns umfassend vor und rüstet uns aus für alles, was wir nach seinem Willen tun sollen.**

* Mehr kernige und gehaltvolle Worte von Spurgeon, dem bekanntesten Prediger aus dem 19. Jahrhundert, findest du z.B. im Buch: Hast du mich lieb? Bielefeld: CLV 1996.

## ACTION STEP

SCHREIB DIR 2. TIMOTHEUS 3,16-17 DORT AUF, WO DU IN DEN NÄCHSTEN TAGEN DARAN ERINNERT WIRST.

- SCHREIB IHN AUF EIN POST-IT UND KLEBE ES AN DEN KÜHLSCHRANK.
- MACH DIR EINE ERINNERUNG IN DEIN SMARTPHONE, DAS DICH ALLE DREI STUNDEN AN DIESEN VERS ERINNERT.
- ODER SCHREIB DEN VERS AB UND HÄNGE IHN ÜBER DEIN BETT.

«Ihr Christen habt in eurer Obhut ein Dokument mit genug Dynamit in sich, die gesamte Zivilisation in Stücke zu blasen, die Welt auf den Kopf zu stellen; dieser kriegs-zerrissenen Welt Frieden zu bringen. Aber ihr geht damit so um, als ob es bloß ein Stück guter Literatur ist, sonst weiter nichts.»

Mahatma Gandhi

«Eine Bibel, die auseinanderfällt, gehört meist denen, deren Leben es nicht tut.»

Charles Spurgeon*

# BIBLE | TAG 4

**Wissen zur Bibel**
Im Jahr 1947 fand man in den Höhlen von Qumran eine 7,34 Meter
lange Schriftrolle aus dem 2. Jahrhundert vor Christus. Es war
das Buch des Propheten Jesaja. Dieser Fund war sensationell, da
dieser Text etwa um 1000 Jahre älter war als alle bisher bekannten Jesaja-Abschriften, aber eine große Zuverlässigkeit aufwies.
Wer die Bibel nicht liest, verhält sich wie jemand, der in einem
Supermarkt verhungert. Aber wie wird das Bibellesen zu einem
echten Gewinn für dein Leben?

**1. Gib deinem Herzen Nahrung - immer wieder**
**Lies regelmäßig in der Bibel.**

Bibellesen kann zu einer gesunden Gewohnheit werden. So wie du
jeden Tag deinen Bauch mit Nahrung füllst, kannst du auch dein
Herz mit Wahrheit füllen.

**2. Nimm dir Zeit für ein Bibel-Knusper-Frühstück-Müsli**
**Lies vorzugsweise am Morgen in der Bibel.**

Später am Tag ist bei dir eh viel los und du bist schnell ab-
gelenkt. Das heißt aber nicht, dass du später am Tag nicht weiterlesen kannst. Wenn du am Abend ein Zeitfenster hast, das dir
super passt (zum Beispiel immer direkt vor dem Schlafengehen),
dann nutze diese Zeit.

### 3. Beiß auch mal in den Rosenkohl
**Lies alles, nicht nur deine Lieblingsverse.**

Wer nur die süßen Lieblingsverse liest, bekommt irgendwann «geistliche Karies» und verliert den Biss. Gott möchte durch sein ganzes Wort zu dir sprechen. Beginne am besten mit dem Neuen Testament.

### 4. Nimm den Energy-Drink
**Bitte den Heiligen Geist, dass er dir beim Verständnis des Gelesenen hilft.**

Der Heilige Geist ist unser Helfer und Lehrer! Er hilft dir, das Wort Gottes zu verstehen und seine Bedeutung für dein Leben zu entdecken.

### 5. Lass dich sättigen
**Lies so viel auf einmal, bis etwas bei dir anklingt, bis Gott zu dir gesprochen hat und dich für den neuen Tag stärkt.**

Es kann dir auch helfen, Ziele zu setzen (z.B. jeden Tag ein Kapitel lesen). So bekommst du in kleinen Happen neue Inspiration und bleibst dran. «Bis etwas bei dir anklingt» kann aber auch bedeuten, dass du immer und immer wieder dieselben zwei, drei Verse liest.

## ACTION STEP

WÄHLE EINEN PSALM AUS UND
BEANTWORTE FOLGENDE FRAGEN DAZU:

DIESE STELLE HABE ICH HEUTE GELESEN:

DAS HABE ICH ÜBER GOTT GELERNT:

DAS HABE ICH ÜBER DEN
MENSCHEN GELERNT:

DAS HAT MICH ERMUTIGT:

**DIESER FRAGE MÖCHTE ICH NACHGEHEN:**

_____

_____

_____

_____

**ICH MÖCHTE FOLGENDES UMSETZEN:**

_____

_____

_____

_____

## TIPP

**VIELLEICHT HILFT ES DIR, WENN DU MIT DREI VERSCHIEDENEN FARBEN DEN TEXT IN DER BIBEL MARKIERST:**

- **DAS SAGT DER TEXT ÜBER GOTT.**
- **DAS SAGT DER TEXT ÜBER DEN MENSCHEN.**
- **DAS MERKE ICH MIR.**

# ACTION | TAG 5

**Wissen zur Bibel**
Die Bibel ist das meistgedruckte, am häufigsten übersetzte und am weitesten verbreitete Buch der Welt. Es existieren Gesamtübersetzungen in über 470 Sprachen und Teilübersetzungen in ca. 2550 Sprachen. Jedes Jahr kommen 30-40 weitere Übersetzungen hinzu. Mit jährlich geschätzten Verkaufszahlen von 44 Millionen steht die Bibel jedes Jahr ganz oben auf den Bestseller-Listen. Wie kann man Fan sein von einem Autor und sein Buch nicht lesen?

**Inspiration bedeutet laut Duden: schöpferischer Einfall, plötzliche Erkenntnis, erhellende Idee oder Eingebung.**

Von Gott kannst du auf verschiedene Arten inspiriert werden:

• Durch sein Wort: Sein Wort schafft in uns Leben (vgl. Johannes 6,68).

• Durch die Schöpfung: An den Wundern der Schöpfung erkennen wir den unsichtbaren Gott (vgl. Römer 1,20).

• Durch den Heiligen Geist: Der Heilige Geist zeigt uns mehr von Gott auf und führt uns in alle Wahrheit (vgl. Johannes 16,13-15).

• Durch Bilder: Manchmal spricht Gott durch Träume oder innere Bilder zu uns (vgl. Apostelgeschichte 2,17-18).

• Durch Mitmenschen: Oft benutzt Gott andere Menschen, um uns zu inspirieren, z.B. durch eine Predigt, Kunst, Ermutigung, Bücher usw. (vgl. 1. Korinther 12,7-11).

WAS HILFT DIR, UM INSPIRIERT ZU BLEIBEN, SODASS DU MIT JESUS IM ALLTAG SHINEN KANNST? ORDNE JEDEM PUNKT EINE ENTSPRECHENDE ZAHL ZU.

1 = TRIFFT NICHT ZU, 5 = TRIFFT VOLL ZU

| | | | | | |
|---|---|---|---|---|---|
| BIBELLESEN | 1 | 2 | 3 | 4 | 5 |
| FREUNDE TREFFEN/AUSTAUSCH | 1 | 2 | 3 | 4 | 5 |
| KIRCHE/GOTTESDIENST/PREDIGT | 1 | 2 | 3 | 4 | 5 |
| ALLEIN SEIN | 1 | 2 | 3 | 4 | 5 |
| NATUR | 1 | 2 | 3 | 4 | 5 |
| KUNST (SONGS, BILDER, VIDEOS ETC.) | 1 | 2 | 3 | 4 | 5 |
| BETEN | 1 | 2 | 3 | 4 | 5 |
| TRÄUME/GEDANKEN | 1 | 2 | 3 | 4 | 5 |
| ÜBER DEN GLAUBEN SPRECHEN | 1 | 2 | 3 | 4 | 5 |
| MIR HILFT: | 1 | 2 | 3 | 4 | 5 |

## ACTION STEP

WÄHLE EINEN PUNKT AUS DER LISTE AUS, BEI DEM DU EINE 3, 4 ODER 5 ANGE-KREUZT HAST. BEGIB DICH BEI NÄCHSTER GELEGENHEIT IN DAS KONKRETE UMFELD (GEH ZUM BEISPIEL IN DER NATUR SPAZIEREN ODER HÖRE DIR EINE PREDIGT AN) UND BITTE GOTT, DASS ER ZU DEINEM HERZEN SPRICHT. NIMM DIR DAFÜR MINDESTENS 10 MINUTEN ZEIT. ES KANN HILFREICH SEIN, WENN DU EIN BLATT BEI DIR HAST, AUF DEM DU ALLES AUFSCHREIBST, WAS DIR IN DEN SINN KOMMT.

# LEARN | TAG 6

**Wissen zur Bibel**

Die Talmudisten verbrachten zwischen 100-500 n.Chr. viel Zeit damit, das Alte Testament abzuschreiben. Dabei hatten sie viele Regeln zu befolgen. Zum Beispiel «... 8.) Die Vorlage muss eine authentische Kopie sein, von der der Abschreiber nicht im Geringsten abweichen darf. 9.) Kein Wort oder Buchstabe, nicht einmal ein Jota (kleinster Buchstabe des hebr. Alphabets) darf aus dem Gedächtnis geschrieben werden, also ohne dass der Schreiber den vor ihm liegenden Kodex betrachtet hat. [...] 14.) Außerdem muss der Kopist in voller jüdischer Tracht sein und 15.) seinen ganzen Leib gewaschen haben. 16.) Er darf den Namen Gottes nicht mit einem gerade in Tinte getauchten Schreibgerät anfangen, und sollte ihn 17.) ein König anreden, während er diesen Namen schreibt, so darf er ihn nicht beachten.» *

Die Bibel setzt die Messlatte hoch an. Sie entlarvt uns Menschen als Sünder - als solche, die immer wieder an Gottes Zielen vorbeischießen. Aber nur, um auf die Vergebung hinzuweisen, die wir durch Jesus haben können. An manch einer Stelle beißt du dir vielleicht die Zähne aus und denkst, dass es doch unmöglich so sein kann, wie es da steht. Aber vielleicht möchte dir Gott gerade an diesen Stellen durch sein Wort Orientierung geben. Das Ziel der Bibel ist, dir ein Leben in der Fülle von Gottes Liebe und Wahrheit zu ermöglichen. Hier ist es ganz wichtig, dass du nicht mit Vorurteilen, sondern mit einem offenen Herzen und mit dem Verständnis von einem guten und liebenden Gott ans Bibellesen rangehst. Ein Gott, der dir Antworten, Hilfestellungen, Anweisungen und dir noch unbekannte Geheimnisse mitteilen will.

* Dieses Zitat von Norman Geisler und William Nix und noch viele andere spannende Argumente für die Wahrheit der Bibel findest du im Buch von Josh McDowell: Die Bibel im Test. Holzgerlingen: Hänssler Verlag 2001, 8. Auflage, S. 97.

## ACTION STEP

NIMM DIR EIN BLATT PAPIER UND SCHREIBE
VOM ERSTEN KAPITEL DES JOHANNES-
EVANGELIUMS DIE ERSTEN 18 VERSE
SAUBER UND EXAKT AB.

UNSERE REGELN LAUTEN:
1) WASCHE DICH ODER ZUMINDEST DEINE
   HÄNDE, BEVOR DU ANFÄNGST.
2) LASS DICH VON NICHTS AUFHALTEN
   ODER UNTERBRECHEN.
3) PACK DEINE SCHÖNSTE SCHRIFT AUS.

«Die meisten Menschen haben Schwierig-
keiten mit den Bibelstellen, die sie
nicht verstehen. Ich für meinen Teil
muss zugeben, dass mich gerade
diejenigen Bibelstellen beunruhigen,
die ich verstehe.»

Mark Twain

«Wer seine Bibel liest, um Fehler darin
zu finden, wird bald feststellen,
dass die Bibel Fehler bei ihm findet.»

Charles Spurgeon

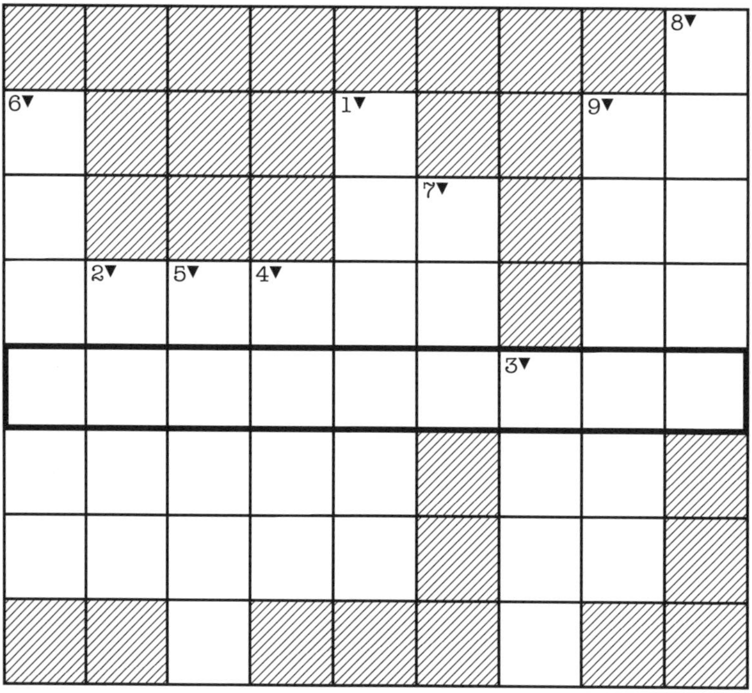


**Lösungswort:**

# SURPRISE | TAG 7

**Kreuzworträtsel rund um die Bibel**

1. Was ist Paran?
   (1. Mose 21,21)

2. Wie viele Evangelien gibt es in der Bibel?

3. Mit welcher Pflanze mussten die Israeliten Blut
   an ihre Türpfosten streichen?
   (2. Mose 12,22)

4. Wie viele Plagen brachte Gott über Ägypten?
   (2. Mose 10-11)

5. Welche Tiere ließ Salomo importieren?
   (1. Könige 10,21-23)

6. Wie wurde Paulus auch noch genannt?
   (Apostelgeschichte 13,9)

/. Wie hieß der Neffe von Abraham?
   (1. Mose 14,12)

8. Welcher Vogel kam mit einem Zweig
   zur Arche zurück?
   (1. Mose 8,10-11)

9. Welches Tier konnte in der Bibel
   sprechen (weibliche Form)?
   (4. Mose 22,28)

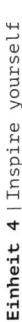

EINHEIT

5

Njoy Fellowship

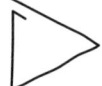

# PERSONAL-TIME / COMMUNITY-TIME | TAG 1

Als Erstes einchecken und nach dem Clip zu «Njoy Fellowship» bist du bereit für die nächste Woche der SHINE Experience.

Diese Einheit ermutigt dich, in Freundschaften zu investieren und deine Gaben in die Gemeinschaft einzubringen, die Gott selber formt. Diese Gemeinschaft kennt keine Landesgrenzen, weil alle Mitglieder einen himmlischen Pass besitzen. Hautfarbe, Sprache oder kultureller Hintergrund stellen für sie keine Hindernisse, sondern vielmehr Ausdruck der Vielfalt Gottes dar. Das ist die Kirche von Jesus Christus!

**Die Bibel**
• Lies Matthäus 4,18–25.
Jesus selbst hat Gemeinschaft vorgelebt. Er suchte sich zwölf einfache Männer aus, zog mit ihnen durch das Land und gemeinsam erlebten sie gewaltige Dinge. Das hat sich bis heute nicht verändert – Jesus sehnt sich danach, mit uns zusammen unterwegs zu sein, und gemeinsam sollen wir sehen und erleben, wie er Großes tut. Dafür gab er uns den Heiligen Geist. Er ist göttliche Kraft in unserem Leben und unser WLAN zu unserem himmlischen Vater. Der Heilige Geist ist auch der Gründer der Gemeinde und er beschenkt uns mit seinen Gaben.
• Lies 1. Korinther 14,26 und Römer 12,5–8.

Hier noch einmal die Gaben von Römer 12 im Überblick. Das sind bei Weitem nicht alle Gaben, die wir in der Bibel finden. Es geht uns dabei darum, dir ein Gespür für deine Begabungen und die große Vielfalt zu geben:
«Prophet»: Ich kann Gottes Reden anderen vermitteln. Ich entdecke und entwickle neue Ideen, Projekte oder Produkte.
«Diener»: Ich arbeite gerne im Hintergrund und helfe.
«Lehrer»: Ich bringe anderen gerne etwas bei.
«Tröster/Ermahner»: Ich kann andere begeistern und traue mich, auch Unangenehmes anzusprechen.
«Geber»: Ich bin großzügig (mit Menschen und Ressourcen).
«Vorsteher»: Ich bin ein Leitertyp, der anpackt und «etwas auf die Beine stellt».
«Barmherziger»: Ich bin für andere da und nehme Anteil am Leben meiner Mitmenschen.

**UND DU?**
- **WELCHE EIN ODER ZWEI GABEN SIEHST DU BEI DIR SELBST AM STÄRKSTEN?**
- **WO KOMMT DAS ZUM VORSCHEIN? WIE UND WANN WENDEST DU DIESE GABE AN?**
- **VON WELCHER GABE HAST DU AM WENIGSTEN?**

# HEART | TAG 2

**Da sprach Gott: «Wir wollen Menschen schaffen nach unserem Bild, die uns ähnlich sind [...].» So schuf Gott die Menschen nach seinem Bild, nach dem Bild Gottes schuf er sie, als Mann und Frau schuf er sie.**
1. Mose 1,26-27

Hast du schon einmal alleine Geburtstag gefeiert oder bist alleine in die Ferien gefahren? Bist du schon mal im Schach gegen dich selber angetreten oder hast auf dem Nintendo Wii gegen dich Tennis gespielt? Alles möglich, aber alles auch ziemlich langweilig. Viele Dinge im Leben wollen wir mit anderen Menschen teilen und erleben. Die wenigsten Menschen sehnen sich danach, sich einsam zu fühlen. Die meisten Menschen lieben es, wenn man später noch über lustige Erlebnisse gemeinsam lachen kann. Sogar Gott selbst stellt sich als eine «Gemeinschaft» vor: «<u>Wir</u> wollen Menschen schaffen nach <u>unserem</u> Bild, die <u>uns</u> ähnlich sind.» (1. Mose 1,26; Hervorhebung durch Verfasser) Gott als Vater, Sohn und Heiliger Geist ist eine untrennbare Einheit und göttliche Gemeinschaft. Und wir sind als seine Ebenbilder auch für Gemeinschaft geschaffen. Das heißt:

• Wir haben eine tiefe Sehnsucht, dazuzugehören.
• Wir ergänzen andere und werden selbst durch andere Menschen ergänzt.
• In echter Gemeinschaft erleben wir den Himmel auf Erden.

Gemeinschaft ist mehr, als sich gegenseitig auf Instagram zu folgen. Lebendige und prägende Gemeinschaft hat andere Merkmale und Qualitäten. Was gehört deiner Meinung nach dazu, damit echte Gemeinschaft entsteht?

[ ] Miteinander reden      [ ] Interesse aneinander

[ ] Gemeinsame Erlebnisse      [ ] _____

[ ] _____      [ ] _____

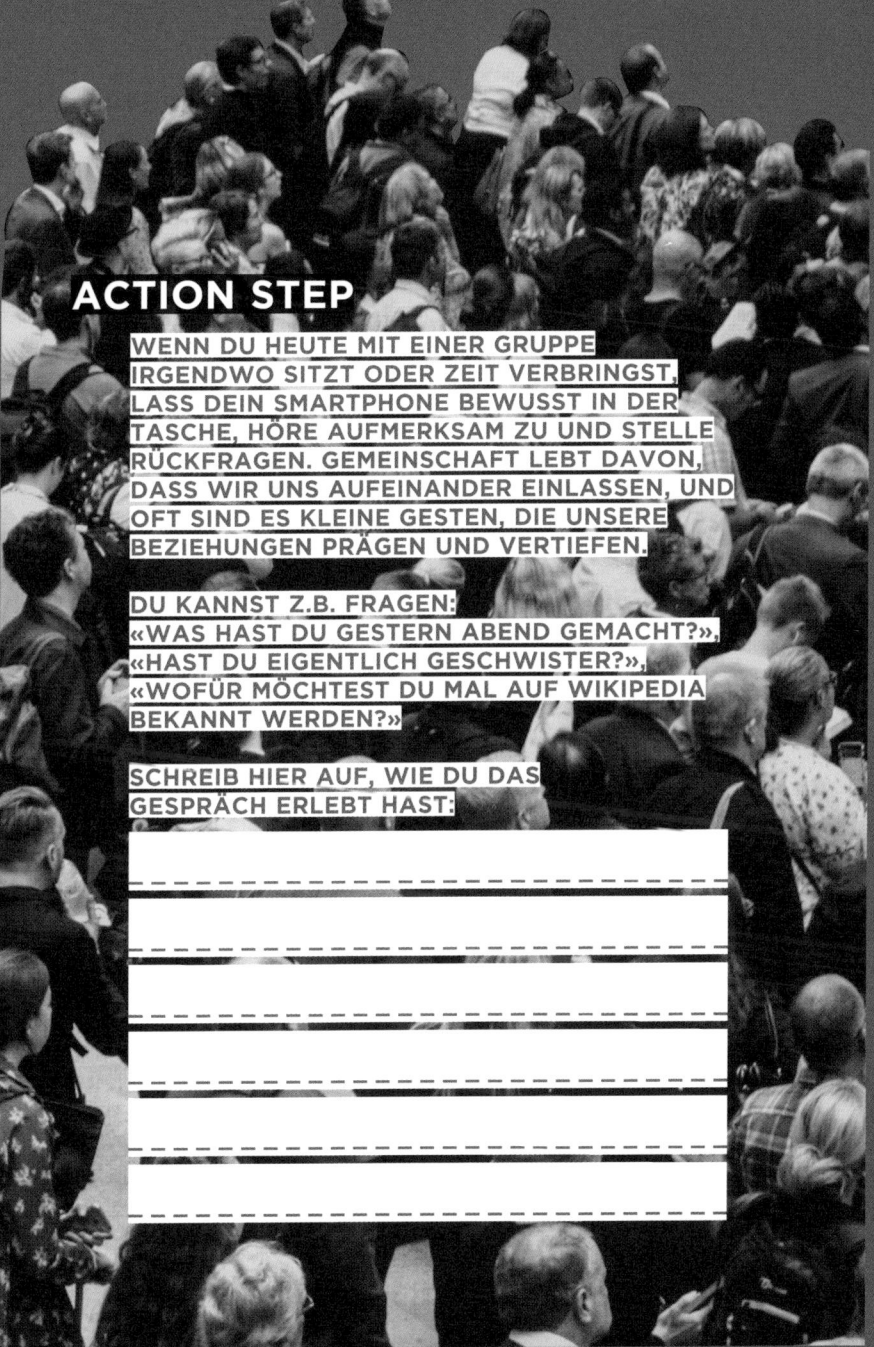

## ACTION STEP

WENN DU HEUTE MIT EINER GRUPPE IRGENDWO SITZT ODER ZEIT VERBRINGST, LASS DEIN SMARTPHONE BEWUSST IN DER TASCHE, HÖRE AUFMERKSAM ZU UND STELLE RÜCKFRAGEN. GEMEINSCHAFT LEBT DAVON, DASS WIR UNS AUFEINANDER EINLASSEN, UND OFT SIND ES KLEINE GESTEN, DIE UNSERE BEZIEHUNGEN PRÄGEN UND VERTIEFEN.

DU KANNST Z.B. FRAGEN:
«WAS HAST DU GESTERN ABEND GEMACHT?»,
«HAST DU EIGENTLICH GESCHWISTER?»,
«WOFÜR MÖCHTEST DU MAL AUF WIKIPEDIA BEKANNT WERDEN?»

SCHREIB HIER AUF, WIE DU DAS GESPRÄCH ERLEBT HAST:

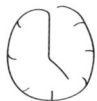

# GET READY | TAG 3

Überleg dir, wie dein Beziehungsnetz aussieht. Trage mindestens 12 Personen in die unten stehende Grafik ein. Je wichtiger dir diese Menschen sind und je mehr Zeit du freiwillig mit ihnen verbringst, desto näher stehen sie im Zentrum der Grafik. Gibt es Personen in deinem Beziehungsnetz, die Jesus noch nicht kennen? Umkreise sie mit einem Stift.

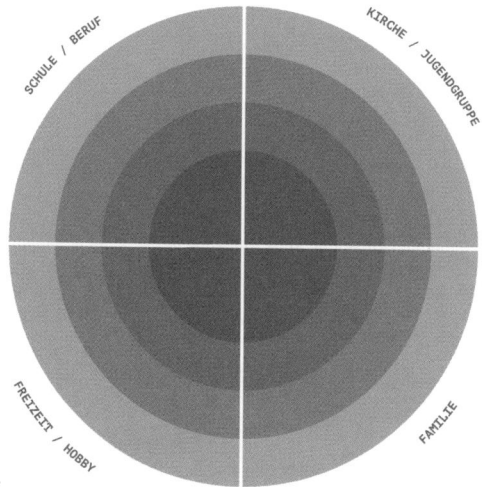

Beim SHINE Lifestyle geht es darum, ein Licht für andere Menschen zu sein, und besonders auch für solche, die Jesus noch nicht kennen. Nicht durch Zufall wurdest du in das Umfeld gestellt, in dem du dich momentan befindest. Natürlich prägst du vor allem die Menschen, mit denen du enge Gemeinschaft hast. Doch Gott sendet dich auch zu Menschen, die du dir vielleicht nicht aussuchen würdest. Deine Freunde hast du wahrscheinlich ausgewählt, aber deine Familie zum Beispiel nicht.

Wie kannst du für die aufgeschriebenen Menschen ein Licht für Jesus sein?

_____

_____

## ACTION STEP

IN ZWEI TAGEN WIRD «NJOY FELLOWSHIP» GANZ
KONKRET (SIEHE TAG 5). NIMM DIR ZEIT UND
LEBE GANZ BEWUSST GEMEINSCHAFT MIT ANDEREN.
GEHE MIT JEMANDEM EINEN KAFFEE TRINKEN,
VERABREDE DICH ZUM SPORT ODER VERBRINGE
EINFACH ZEIT MIT EINER PERSON AUS DEINEM
UMFELD UND INTERESSIERE DICH FÜR IHR LEBEN.
VEREINBARE DARUM JETZT EINEN TERMIN
FÜR DIE NÄCHSTEN TAGE MIT DIESER PERSON
UND ÜBERLEG DIR, WIE DU IHR GUTES TUN KANNST.
WERDE AKTIV!

PERSON:

_____

DATUM + ORT DES TREFFENS:

_____

WAS WERDET IHR UNTERNEHMEN?
WORAUF FREUST DU DICH BESONDERS?

_____

_____

_____

NIMM DIR ZEIT, BETE FÜR DIE PERSON UND SEGNE SIE.
BITTE GOTT UM EINE STARKE BEGEGNUNG UND EINE
GUTE ZEIT ZU ZWEIT.

## BIBLE | TAG 4

Folgende Aufgabe: Geh auf www.bibleserver.com und suche im Neu-
en Testament nach dem Wort «einander». In der Lutherbibel 2017
solltest du 21 Treffer landen, mit der «Hoffnung für alle» 44,
mit der «Neuen Genfer Übersetzung» sogar 50. Die «Gute Nachricht Bibel» lässt schließlich mit 55 Treffern jedes «Schiffe
Versenken»-Game vor Neid erblassen. Wie viele Treffer sind es
bei der «Neues Leben»?

Lies einige dieser Stellen durch, und notiere dir hier zwei,
die dich ansprechen:

---------------------------------------------------------------

---------------------------------------------------------------

---------------------------------------------------------------

Es ist kein Zufall, dass die Bibel so oft vom Miteinander redet.
Damit wir Gemeinschaft genießen können und einander nicht bloß
ertragen, sollen wir uns gegenseitig Gutes tun: einander lieben,
vergeben, achten, ehren, trösten, ermutigen und dienen. Jesus
hat uns das vorgelebt!

# ACTION STEP

**WELCHE EINANDER-STELLE WILLST
DU HEUTE UMSETZEN?
WIE KÖNNTEST DU DAS TUN?**

**DIESEN VERS SETZE ICH UM:**

**ICH MACH DAS SO:**

## Ertragt einander voller Liebe!

**Epheser 4,2**

Lebt klug unter den Menschen, die keine
Christen sind, und macht aus jeder
Gelegenheit das Beste! Redet freundlich
und klar mit ihnen, damit ihr
wisst, wie ihr jedem Einzelnen am
besten antworten sollt.

Kolosser 4,5–6

## ACTION | TAG 5

Du hast schon viel über Gemeinschaft gelesen und gehört. Jetzt
ist es Zeit für konkrete Schritte - are you ready?
Verbringe heute oder spätestens in den nächsten zwei Tagen bewusst Zeit mit einer Person, die du nicht oder fast nicht kennst.
Wähle jemanden, der einer der folgenden Gruppen zugehört:

### Außenseiter
Ganz bestimmt gibt es in deinem Leben Personen, um die du lieber
einen Bogen machst oder mit denen du bisher einfach noch wenig
zu tun hattest. Gehe auf diese Person zu, beginne ein Gespräch*
und lerne sie kennen.

### Alte Person
Geh auf eine ältere Person in deiner Nachbarschaft oder Gemeinde
zu, sprich sie an und frag sie z.B., wie es war, als sie noch in
der Schule/Ausbildung war.

### Nichtchrist
Mit welcher Person, die Jesus noch nicht kennt, kannst du bewusst
Zeit verbringen? Frag doch mal ganz mutig: «Glaubst du eigentlich
auch an Gott?», oder: «Hast du schon mal gebetet?»

---

* Versuchs doch mal mit: «Hast du gestern das Fußballspiel gesehen?», «Crazy,
was heute in der Zeitung stand, oder?!», oder: «Hast du eigentlich auch
Geschwister?»

# LEARN | TAG 6

In Filmen wird uns immer wieder die Kraft des Miteinanders gezeigt. In Herr der Ringe, Narnia, Titanic (ah nein, schlechtes Beispiel), Die Unglaublichen, Avengers und vielen mehr wird uns vor Augen geführt, dass große Herausforderungen nur in der Gemeinschaft gemeistert werden. Wie wäre es wohl ausgegangen, wenn Frodo den Ring alleine zum Schicksalsberg hätte bringen müssen oder Iron Man die Welt ohne Hulk, Thor und Captain America hätte retten müssen??

Viele Christen versuchen, sich mit ihrem Glauben alleine durchs Leben zu schlagen, und viele bleiben dabei auf der Strecke. Gott warnt uns nicht umsonst in 1. Petrus 5,8: «**Seid besonnen und wachsam und jederzeit auf einen Angriff durch den Teufel, euren Feind, gefasst! Wie ein brüllender Löwe streift er umher und sucht nach einem Opfer, das er verschlingen kann.**» Alleine sind wir ungeschützt. Wir können so ein leichtes Opfer für den Teufel werden und kommen im Leben mit Gott nicht weit. Aber wenn einer den anderen unterstützt, werden wir das Ziel erreichen. Darum heißt es in Hebräer 10,25 (NGÜ) auch: «**Deshalb ist es wichtig, dass wir unseren Zusammenkünften nicht fernbleiben, wie einige sich das angewöhnt haben, sondern dass wir einander ermutigen, und das umso mehr, als – wie ihr selbst feststellen könnt – der Tag näher rückt, ‹an dem der Herr wiederkommt›.**»

Hast du gewusst, dass Wildgänse auf ihrer Reise in den Süden 10000 Kilometer zurücklegen? Mit dem Fliegen in V-Formation erhöht sich ihre Ausdauer durch den Windschatten um über 70%! Gemeinsam schaffen sie den Weg, der für eine Wildgans alleine unmöglich zu bewältigen wäre.

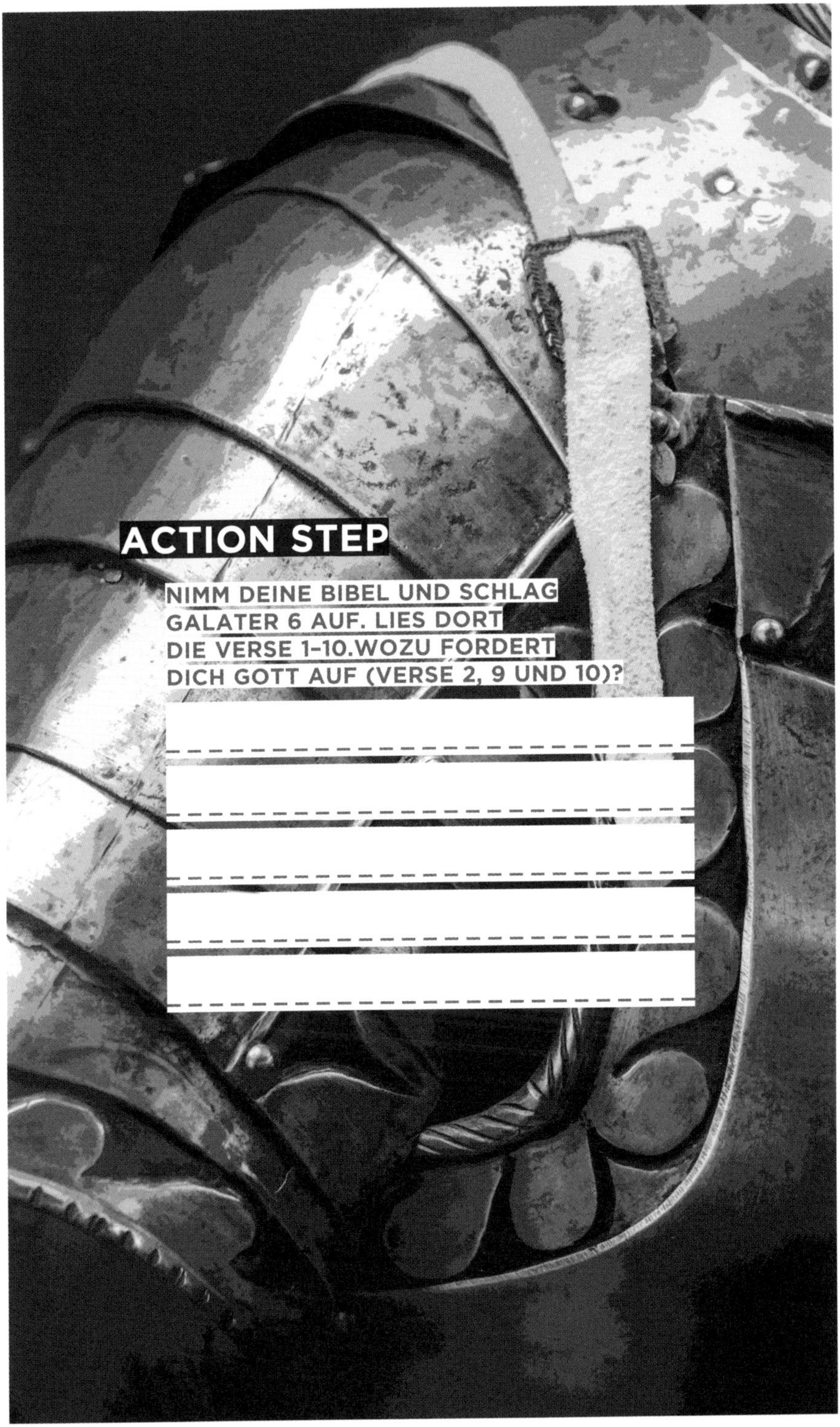

## ACTION STEP

NIMM DEINE BIBEL UND SCHLAG
GALATER 6 AUF. LIES DORT
DIE VERSE 1–10. WOZU FORDERT
DICH GOTT AUF (VERSE 2, 9 UND 10)?

_____

_____

_____

_____

_____

_____

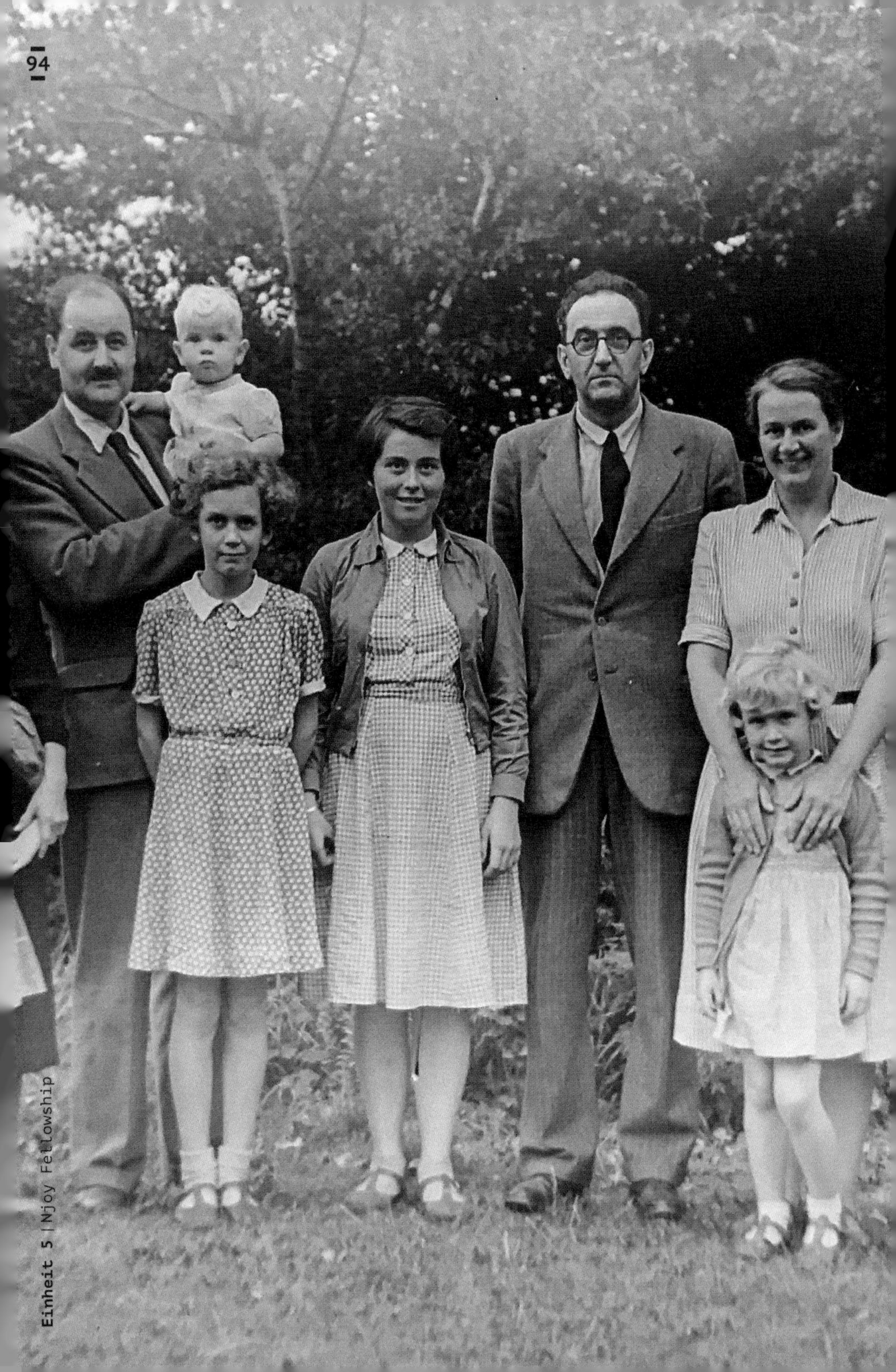

## SURPRISE | TAG 7

Deine Familie, in die du hineingeboren wurdest, ist deine erste und engste Gemeinschaft, in die Gott dich berufen hat. Du konntest dir niemanden davon auswählen. Aber Gott weiß, warum er dich da hineingestellt hat und er hat einen Plan, warum genau du zu diesem Zeitpunkt in diese Familie kamst.

Nimm dir heute bewusst Zeit, Gemeinschaft mit deiner Familie zu pflegen. Ob in Form eines kleinen Dankeschöns (Schachtel Pralinen, etwas kochen etc.) oder einfach einer Nachfrage: «Erzähl, wie geht's dir?» Das geht selbstverständlich auch per Telefon. Entscheide dich dafür, dich (nicht nur) heute in deine Familie zu investieren.

EINHEIT

Equip Others

«Das Licht muss unser Leben sein, wenn unser Leben Licht sein soll.»

Charles Spurgeon

# PERSONAL-TIME | COMMUNITY-TIME | TAG 1

Hast du dich schon für das Thema «Equip Others» eingecheckt und dir den Clip angeschaut? Es lohnt sich!

Der letzte Buchstabe von SHINE ermutigt dazu, das in S, H, I und N Gelernte an andere weiterzugeben. In dieser Einheit erfährst du, dass du etwas Einzigartiges beitragen kannst. Dieser Beitrag wird multipliziert, wenn du ihn anderen weitergibst und diese wiederum dasselbe weitergeben. Jede Person darf sich als Teil eines großen Ganzen sehen (die Kirche – der Leib von Jesus). Hier hat jede Person einen wichtigen Beitrag und zugleich muss sie nicht alles können. Es ist also nicht so entscheidend, wie viel und was genau du kannst, sondern dass du deine Stärken für andere einsetzt.

**Die Bibel**
- Lies Hebräer 10,24.
- Lies 2. Timotheus 2,2.

**Und du?**
- Wo hast du erlebt, dass dich andere fördern?
- Wo hast du andere gefördert?
- Wie könntest du mit deiner «normalen» oder speziellen Begabung dazu beitragen, dass noch mehr Menschen Jesus kennenlernen und ihm nachfolgen?
- Welche Menschen zeigt dir Jesus, in die du dich SHINE-mäßig investieren kannst?

## HEART | TAG 2

**Gib die Botschaft, die du von mir gehört hast und deren Wahrheit
dir von vielen Zeugen bestätigt wurde, an vertrauenswürdige und
zuverlässige Menschen weiter, die ebenfalls fähig sind, andere
zu lehren.**
2. Timotheus 2,2 (NGÜ)

Steffi und David haben beide im Lotto gewonnen. Steffis Preis
ist, dass die Lotto-Gesellschaft ihrem Konto dreißig Tage lang
jeden Tag 10 000 Euro gutschreibt. David erhält am ersten Tag
gerade mal 1 Euro. Dafür verdoppelt sich die Einzahlung von der
Lotto-Gesellschaft während der nächsten dreißig Tage täglich –
also am zweiten Tag 2 Euro, am dritten 4 Euro usw. Wer möchtest
du sein? Steffi oder David? Das Resultat ist erstaunlich. Steffi
hat nach 30 Tagen 300 000 Euro auf dem Konto. Bei David sind es
jedoch sage und schreibe 1 073 741 800 Euro – nicht schlecht, oder?

Genauso ist es mit dem SHINE Lifestyle. Wenn du beginnst, diesen Lifestyle anderen Menschen weiterzuvermitteln, wird das
krasse Auswirkungen haben. Dabei ist es nicht wichtig, ob du
eine riesige Heldin bist, die täglich zig Menschen von Jesus
erzählt, ihr Leben mit den Allerärmsten verbringt oder Profes-
sorin in irgendwas ist – das wäre «nur» Zusatz. Viel wichtiger
ist, dass du Menschen förderst, den SHINE Lifestyle selber zu
leben UND ANDEREN WEITERZUGEBEN, damit die dann dasselbe tun.
Das kann klein starten, indem du mit deinen Geschwistern oder
deinem besten Freund die SHINE Experience durchgehst. Wenn ihr
damit fertig seid, trefft ihr euch weiter, lest die Bibel und
spornt einander im Glauben an. Irgendwann ist dann dein Bruder
oder Freund auch ready und ihr beide investiert euch in andere
Menschen. Das ist Multiplikationspower!

## ACTION STEP

KLEBE AUF DEN FLECK EIN GELDSTÜCK
ALS ERINNERUNG FÜR DICH, DASS
DIE KLEINEN DINGE MANCHMAL GRÖSSER
SIND, ALS SIE SCHEINEN. DU KANNST
AUCH EIN GELDSTÜCK ZEICHNEN ODER
SONST IRGENDWIE SICHTBAR
WERDEN LASSEN.

Liebe multipliziert sich,
wenn du sie teilst.

Wer in kleinen Dingen treu ist, wird
auch in Großen treu sein. Und wer schon
in geringen Angelegenheiten betrügt,
wird auch bei größerer Verantwortung
nicht ehrlich sein.

Lukas 16,10

Wenn ihr wirklich dazu bereit seid,
kommt es nicht darauf an, wie viel ihr
erübrigen könnt. Gott möchte, dass
ihr gebt, was ihr habt, und nicht, was
ihr nicht habt.

2. Korinther 8,12

# GET READY | TAG 3

Nimm deine Bibel und lies 2. Mose 3.

In diesem Kapitel ist die Geschichte aufgeschrieben, in der Mose vor dem brennenden Dornbusch steht und Gott zu ihm spricht. Gott gibt Mose den Auftrag, sein Volk aus der Gefangenschaft zu führen. Einen ganz ähnlichen Auftrag haben auch wir heute! Und so, wie Mose allerlei Ausreden und Entschuldigungen hervorbrachte, tun wir das auch zu oft. Am Anfang des nächsten Kapitels stellt Gott Mose dann folgende Frage: «Was ist da in deinen Händen?» – Es war ein einfacher Hirtenstab, aber mit diesem Hirtenstab führte Mose das Volk Israel später aus Ägypten heraus und Gott bewirkte genau mit diesem Stück Holz ein paar heftige Wunder. Heißt: Oft musst du nicht weit suchen, sondern kannst einfach das gebrauchen, was Gott dir in die Hand gegeben hat.

Was hat Gott dir in deine Hände gegeben (Gaben, Beziehungen, Ausbildung, Charakterstärken etc.)?

---------------------------------------------

---------------------------------------------

Wo und wie kannst du positiven Einfluss ausüben
und Menschen prägen?

---------------------------------------------

---------------------------------------------

Was hast du bekommen, das andere Menschen weiterbringt?

---------------------------------------------

---------------------------------------------

Danke Gott in einem einfachen Gebet für das, was er dir anvertraut hat, und bitte ihn, dass du gut und großzügig damit umgehen kannst.

## BIBLE | TAG 4

Darum geht zu allen Völkern und macht sie zu Jüngern. Tauft sie
im Namen des Vaters und des Sohnes und des Heiligen Geistes und
lehrt sie, alle Gebote zu halten, die ich euch gegeben habe. Und
ich versichere euch: Ich bin immer bei euch bis ans Ende der Zeit.
Matthäus 28,19-20

Die Worte von Jesus sind kristallklar: Er will tatsächlich mit
dir und mir «alle Völker» erreichen. Vermutlich geht er davon
aus, dass du das nicht alleine in die Hand nimmst. Die Menschen-
gruppe, zu der Jesus am Schluss von Matthäus 28 spricht, lässt
sich an beiden Händen abzählen - also fast! -, es waren gerade
mal 11 Jünger (siehe Vers 16). Tatsächlich haben diese Normalos
Erstaunliches bewirkt und das Evangelium unter anderem nach
Indien und Italien gebracht.
Vielleicht kommst du dir jetzt so vor wie ein Faultier, das gerade den Auftrag bekommen hat, den Mount Everest im Handstand
zu erklimmen: «Wie um Himmels willen soll ich das schaffen?»
Deshalb spricht Jesus dir zu (im obigen Vers ganz am Schluss):
«Ich bin immer bei euch bis ans Ende der Zeit.» Weil er immer
bei dir ist, darfst du dich kühn auf den Weg machen. Und by the
way: Vielleicht wohnt die «ganze Welt» ja sogar in deinem Wohn-
block oder nur ein paar Straßen weiter.

Im Clip in der Personal-Time/Community-Time hast du bereits
fünf Tipps* erhalten, wie dieses «Equip Others» konkret aussehen kann:

1. Investiere Zeit in deine Freunde
2. Lege ein geistliches Fundament
3. Hilf deinen Freunden beim Aufräumen der Vergangenheit
4. Sei deinen Freunden ein Vorbild
5. Gewinne deine Freunde für hohe Ziele im Glauben

Einheit 6 | Equip Others

---

* Die Aufzählung ist folgendem Buch von Leo Bigger und Matthias Bölsterli
entnommen: Gewinne. Wie gewinne ich Menschen für Jesus? Zürich: Verlag icf
2003, S. 77-84.

# ACTION STEP

LIES 1. THESSALONICHER 2,7–13
UND SCHREIB HIER AUF, WELCHE
DER FÜNF TIPPS DU DARIN
ENTDECKEN KANNST:

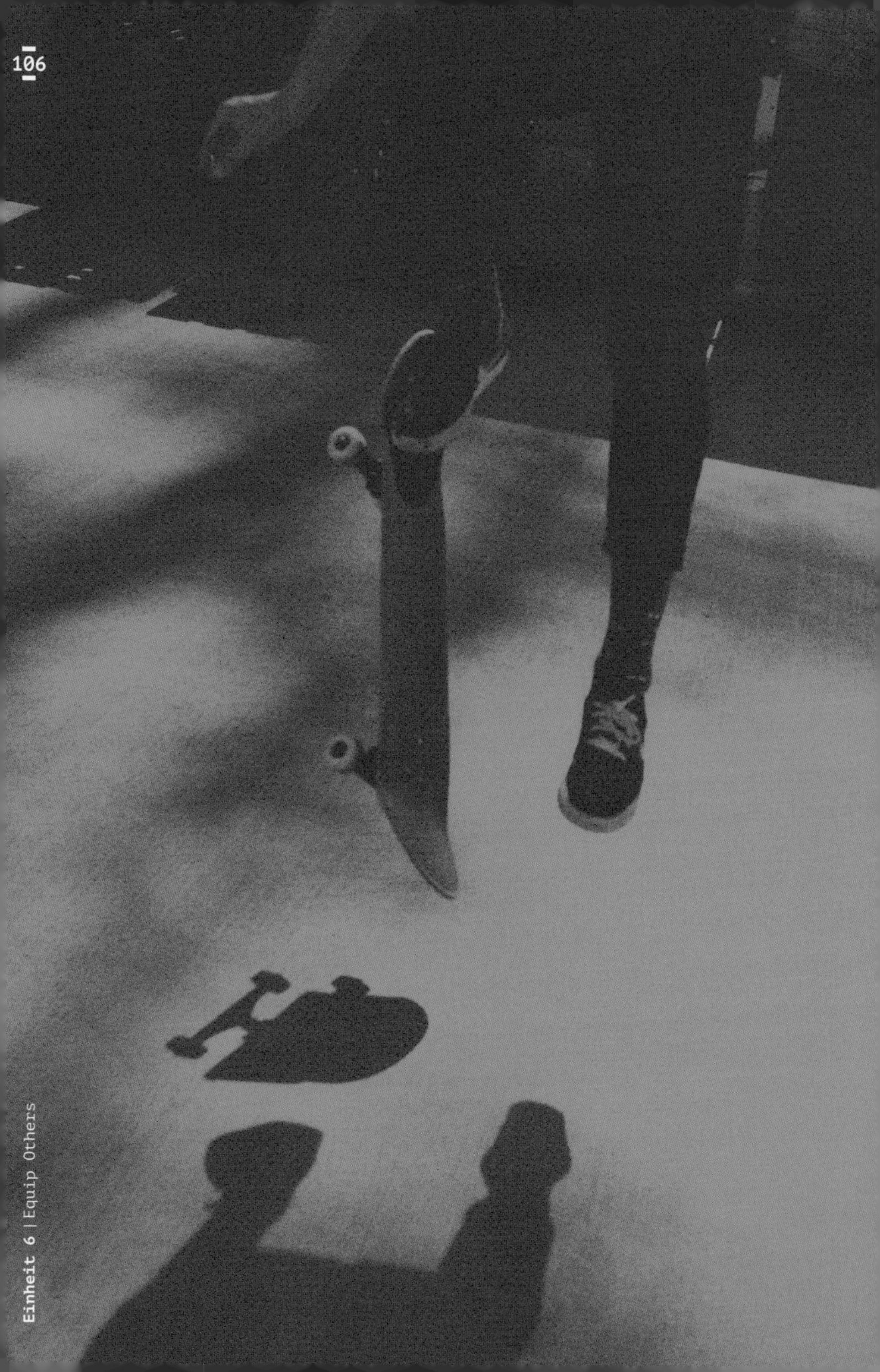

## ACTION | TAG 5

Nutze, was in deinen Händen ist! Vor zwei Tagen hast du dir Dinge notiert, die Gott dir in deine Hände gegeben hat. Geh die Liste nochmals durch.

Nun ist Action angesagt. Entscheide dich für eine Aufgabe:

1. **Bring jemandem etwas bei, das du gut kannst (Satz in einer Fremdsprache, Zaubertrick, Witz, deinem Opa die Bedienung von Smartphones usw.).**

2. **Triff jemanden oder telefoniere mit jemandem und gib etwas weiter, das dir Gott gegeben hat (eine Ermutigung; etwas, was dich Gott gelehrt hat; was du als Letztes mit Gott erlebt hast; was du während der SHINE Experience bereits gelernt oder erlebt hast).**

Wichtig: Bei beiden Levels geht es nicht darum, dass du einfach deine Aufgabe erfüllst. Es geht darum, dass die Person nach der Begegnung mit dir wirklich etwas gelernt hat.

## LEARN | TAG 6

Die ersten vier Buchstaben des SHINE Lifestyles sind die nötige Ausrüstung für konkrete Nachfolge. Klar, vielleicht bist du noch nicht in allen Punkten top, aber du kannst schon jetzt multiplizieren und den SHINE Lifestyle leben. Bei «Equip Others» geht es darum, dass du andere in ihrem SHINE Lifestyle förderst und sie durch dich in ihrem Leben weiterkommen.

Wie geht es dir bei der Umsetzung der einzelnen Themen? Ziehe eine Verbindungslinie zum passendsten Adjektiv.

| | |
|---|---|
| **1.** **SHARE FAITH** | o super <br> o überfordert <br> o unter Druck |
| **2.** **HUG PEOPLE** | o herausgefordert <br> o befähigt <br> o motiviert |
| **3.** **INSPIRE YOURSELF** | o unsicher <br> o unerreichbar <br> o fähig |
| **4.** **NJOY FELLOWSHIP** | o dankbar <br> o privilegiert <br> o enttäuscht |
| **5.** **EQUIP OTHERS** | o hoffnungslos <br> o begabt |

Viele Leiter in der Bibel und von Gott berufene Menschen haben sich zeitweise oder sogar lebenslang unfähig und leicht bis heftig überfordert gefühlt. Da war von Zweiflern, Besorgten, Angsthasen, Halbgläubigen bis zu Übereifrigen und Stolzen so ziemlich alles mit dabei – Menschen wie du und ich! Aber sie sind Jesus trotzdem mutig nachgefolgt. Und darum geht es beim «E» in SHINE.

**Lebe SHINE – nicht für Jesus, sondern mit Jesus!**

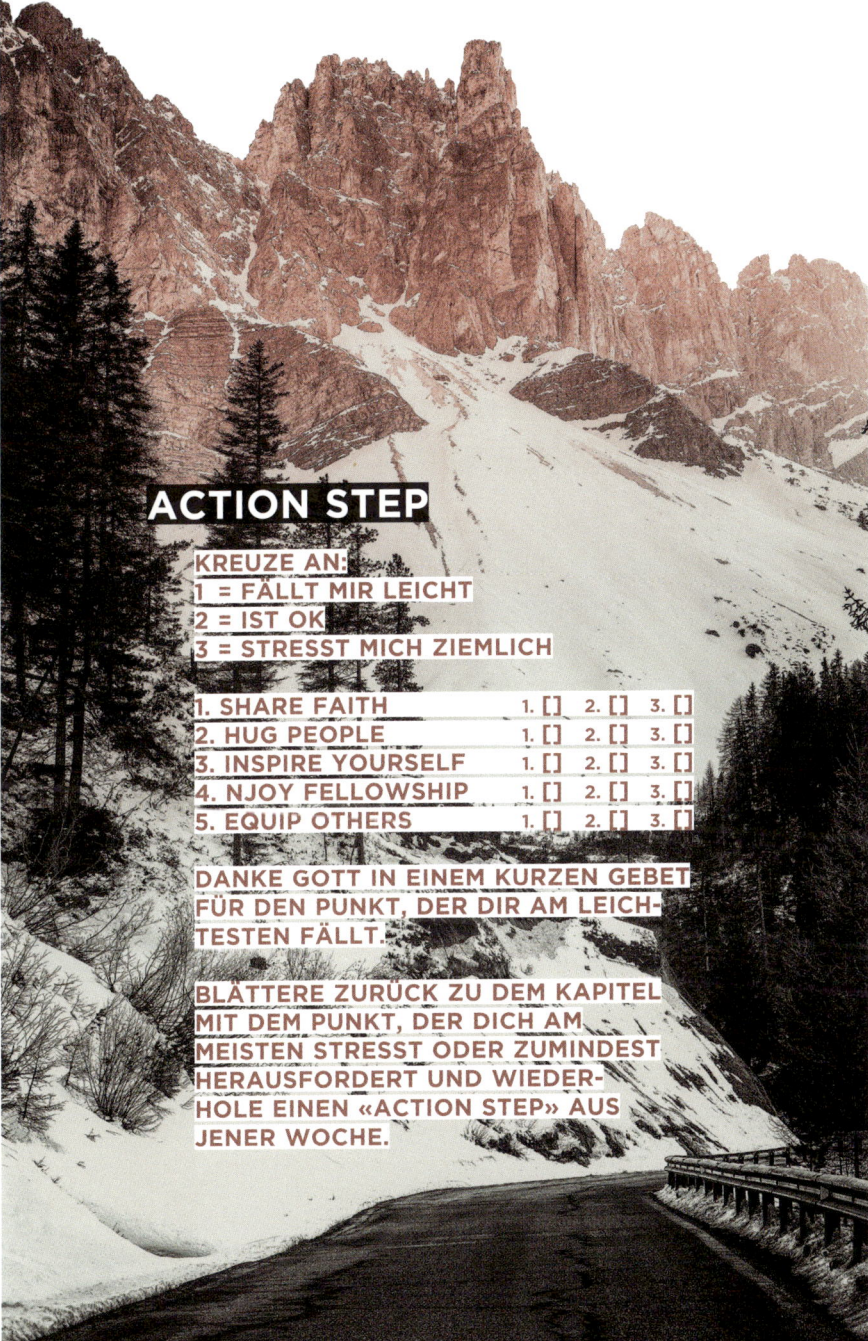

## ACTION STEP

KREUZE AN:
1 = FÄLLT MIR LEICHT
2 = IST OK
3 = STRESST MICH ZIEMLICH

| | | | |
|---|---|---|---|
| 1. SHARE FAITH | 1. [] | 2. [] | 3. [] |
| 2. HUG PEOPLE | 1. [] | 2. [] | 3. [] |
| 3. INSPIRE YOURSELF | 1. [] | 2. [] | 3. [] |
| 4. NJOY FELLOWSHIP | 1. [] | 2. [] | 3. [] |
| 5. EQUIP OTHERS | 1. [] | 2. [] | 3. [] |

DANKE GOTT IN EINEM KURZEN GEBET
FÜR DEN PUNKT, DER DIR AM LEICH-
TESTEN FÄLLT.

BLÄTTERE ZURÜCK ZU DEM KAPITEL
MIT DEM PUNKT, DER DICH AM
MEISTEN STRESST ODER ZUMINDEST
HERAUSFORDERT UND WIEDER-
HOLE EINEN «ACTION STEP» AUS
JENER WOCHE.

«Ich fördere andere Menschen,
indem ich meine Freunde ermutige, in
allen fünf SHINE-Buchstaben
zu wachsen und dranzubleiben.»

«Ich fördere andere Menschen,
indem ich mein Licht leuchten lasse
und meinen Glauben auslebe.»

«Ich fördere andere Menschen,
indem ich sie ermutige und ihnen helfe,
das Potenzial, das Gott in sie
hineingelegt hat, zu entdecken und
zu entfalten.»

«Ich fördere andere Menschen,
indem ich meine Begabungen
so einsetze, dass Gott geehrt wird
und Menschen ihn kennen-
und lieben lernen.»

«Ich fördere andere Menschen, indem
ich in erster Linie ich selbst bin und
dort hingehe, wo Gott mit
mir hingeht.»

## SURPRISE | TAG 7

Setz dich einen Moment an einen bequemen Ort und lies die Sätze auf der linken Seite. Mach nach jedem Satz eine Minute Pause und lass ihn auf dich wirken.

# EINHEIT

# Commitment

«Nachfolge ist nur kraftvoll,
wenn ich dem ganzen Jesus nachfolge
und nicht nur meinem
‹Lieblings-Zweidrittel-Jesus›!»

Andreas «Boppi» Boppart *

# PERSONAL-TIME / COMMUNITY-TIME | TAG 1

Starte das letzte Kapitel «Commitment», sieh dir den letzten Clip an oder mach dich auf die Socken für die letzte Community-Time.

Du bist bereits auf der Zielgeraden der SHINE Experience. Aber das ist natürlich keineswegs das Ende des SHINE Lifestyles und schon gar nicht das Ende von Gottes Wirken in deinem Leben! Vielmehr kannst du das Gelernte nun schwungvoll in deinen Alltag mitnehmen. Der Höhepunkt der Einheit «Commitment» (= Hingabe) ist ein ziemlich mutiges Hingabegebet. Hingabe ist ein wichtiger Schlüssel, wenn du Jesus nachfolgst.

**Die Bibel**
Lies Johannes 21,15-19.

**Und du?**
• Was spricht dich in diesem Text an?
• Was befremdet dich oder verstehst du nicht?
• Warum hat Jesus wohl dreimal dieselbe Frage gestellt?
• Was würdest du antworten, wenn Jesus dich fragt:
  «Hast du mich lieb?»?
• Was wäre deine Reaktion, wenn Jesus dich auffordert:
  «Folge mir nach!»?

* Absolut empfehlenswert ist sein Buch: «Unfertig – Jesusnachfolge für Normale».

Einheit 7 | Commitment

# HEART | TAG 2

Du bist eine Heldin, ein Held! Du hast bereits sechs Einheiten der SHINE Experience hinter dir und hast es bis zu diesem Satz geschafft – überragend! Ein großes Kompliment für deinen Einsatz, deine Lernbereitschaft und deinen Durchhaltewillen. Du bist eine Person, die die Welt verSHINEifiziert! Wenn das Leben ein Schinken-Eier-Sandwich wäre, dann wärst du nicht einfach ein Huhn, sondern vielmehr ein Schwein. Während das Huhn beim Sandwich nur ein bisschen involviert war, hat das Schwein sich ganz hingegeben. :-)

Nimm dir für die kommenden Aufgaben Zeit und denke darüber nach, was du in den vergangenen Wochen gelernt hast und wie Jesus gewirkt hat.

• **Markiere,** in welcher Woche du deine größte Entwicklung durchlebt hast. Überlege, warum das so ist.

• Schreib unter jedes Thema, warum du dich wohl oder unwohl gefühlt hast. Überdenke die einzelnen Wochen und blättere dieses Buch durch.

• Mach eine Vorher-nachher-Bewertung zu den Wochen. Wo standest du vor der SHINE Experience in Bezug auf dieses Thema, wo stehst du jetzt? Ein Dreieck für vorher, ein Quadrat für nachher.

1

10

Schreib hier dein stärkstes Erlebnis mit Gott während der SHINE Experience auf:

------------------------------------------------

------------------------------------------------

Gibt es einen Bereich, in dem du noch großes Entwicklungspotenzial siehst? Was könnte dir helfen, in diesem Bereich zu wachsen?

------------------------------------------------

------------------------------------------------

## SHARE FAITH

1

10

## HUG PEOPLE

1

10

## INSPIRE YOURSELF

1

10

## NJOY FELLOWSHIP

1

10

## EQUIP OTHERS

1

10

# GET READY | TAG 3

John Piper hat einmal Folgendes gesagt:
«Gott ist am meisten verherrlicht in dir, wenn du am meisten erfüllt bist in ihm.»

Genau darum geht es bei SHINE. Wenn du den SHINE Lifestyle krampfhaft versuchst zu leben, damit jeder sieht, was für ein guter Mensch du bist, hast du das Ziel verfehlt. Das wäre so, als wenn du dir fein säuberlich ein Schinken-Eier-Sandwich machen, dieses aber dann auf dem Tisch vergammeln lassen und nicht reinbeißen würdest – Ziel verfehlt. Du betrachtest das Sandwich und den Lifestyle aus der Ferne, die Kraft des Sandwichs machst du dir aber nicht zu eigen. Diese Kraft und der Motor von SHINE ist der Heilige Geist, der dein Herz bis in die hinterste Körperzelle erfüllt. Und wenn du dich ganz von ihm erfüllen lässt, dann wird sich der Heilige Geist in dir seiner größten Spezialität widmen: Er wird das Wesen Gottes in dich zeichnen (Charakter, Vollmacht, Gaben usw.)! Genau das nennt John Piper: «Gott ist verherrlicht in dir.»

**Für dich alleine**
Wenn dir in deinem Umfeld keine Person in den Sinn kommt, die für dich beten könnte, dann schreib uns doch unbedingt eine Mail (info@shine-deutschland.de oder info@shine.ch). Wir beten sehr gerne für dich!

**Mit anderen als Gruppe**
Wenn du keine solche Person kennst, frag bei jemandem aus deiner SHINE Experience-Gruppe nach, ob sie für dich betet und dich segnet.

## ACTION STEP

LASS DICH BEWUSST VON GOTTES GEIST ERFÜLLEN, DAMIT DU IN DEINEM ALLTAG STARTKLAR BIST. MACH DAS, INDEM DU HEUTE ZU EINER PERSON GEHST, DIE AUF GOTT HÖRT UND FÜR DICH BETET.

## BIBLE | TAG 4

Nimm deine Bibel und lies folgende Bibelstellen:

Matthäus 7,21
Philipper 3,13
Johannes 12,26

## VERTIEFUNG

### FOLGENDES LERNE ICH ÜBER GOTT:

### FOLGENDES LERNE ICH ÜBER EINEN NACHFOLGER:

### DAS IST MIR WICHTIG GEWORDEN:

## ACTION | TAG 5

Achtung, das folgende Gebet kann dein Leben verändern!
Heute hast du die Möglichkeit, das Gebet, das du bereits im Clip
an Tag 1 dieser Einheit kennengelernt hast, zu unterschreiben
und zu beten. Es liegt keine besondere Kraft in der Formulierung
oder in der Art, wie du unterschreibst. Und es ist auch nicht
die Einmaligkeit des Moments, die alles für immer verändert –
vielmehr ist es ein Gebet, das du immer wieder beten kannst.
Und es liegt eine besondere Kraft darin, wenn du dein Leben
Gott ganz zur Verfügung stellst und das annimmst, was er für
dich vorbereitet hat. Du kannst das Gebet als eine Art Vertrag
unterzeichnen, indem du Jesus das schenkst, wofür er bereits vor
langer Zeit bezahlt hat: dein Leben. Dein Commitment an Jesus
ebnet den Weg, damit er deinen SHINE Lifestyle immer mehr prägt.

Überlege dir in den nächsten 12 Minuten, ob du das Gebet unterschreiben möchtest oder nicht.

Folgende Fragen helfen dir in dieser Zeit:

- Wie könnte sich mein Leben ändern, wenn ich das Gebet ernst-
  haft bete?
- Was habe ich zu verlieren? Vor was habe ich Angst?
- Was kann ich gewinnen?
- Was will ich vorher im Gebet ablegen und bei Gott deponieren?
- Will ich das Gebet lieber zu einem späteren Zeitpunkt unter-
  schreiben?
- Will ich das Gebet zusammen mit einer anderen Person beten?

Jesus Christus,

ich will, dass du das Zentrum
meines Lebens bist.
Durch die Kraft des Heiligen Geistes
will ich auf dich hören und tun,
was du mir sagst –
zu jeder Zeit,
an jedem Ort,
um jeden Preis,
was immer es sei.

Unterschrift

# LEARN | TAG 6

Egal, ob du gestern das Gebet unterschrieben hast oder nicht – den SHINE Lifestyle zu leben, lässt dich und dein Umfeld nicht kalt. Denn wenn Gottes Liebe auf ein Herz trifft, dann bleibt es nicht neutral. Entspannend dabei ist, dass du in der Kraft des Heiligen Geistes die Initiative ergreifen und das Resultat Gott überlassen kannst. Vielleicht heißt das, dass du für oder mit einem Arbeitskollegen betest, der dir etwas anvertraut hat. Du kannst dabei relaxen, weil Gott bestimmt seinen Teil dazu beitragen wird. Oder du hilfst jemandem auf der Straße, der dir auffällt, oder … Du wirst dabei nicht immer auf offene Arme, sondern auch auf Ablehnung stoßen. Jesus hat auch beides erlebt: Menschen, die begeistert mit ihm unterwegs waren, und andere, die ihm Böses antun wollten. Du kannst dir manchmal deine Lebensumstände und dein Umfeld nicht aussuchen. Aber du kannst dich entscheiden, wie du ihnen begegnest. Oft geht es im Leben nicht darum, mit aller Kraft den Regen wegzubeten, sondern vielmehr darum, einfach im Regen tanzen zu lernen. Commitment heißt, Jesus in allen Umständen nachzufolgen.

# ACTION STEP

**PETRUS STIESS EBENFALLS AUF ABLEHNUNG UND ERLEBTE IN KÜRZESTER ZEIT ZWEI EXTREME.**

**SCHREIB IN DEINEN EIGENEN WORTEN AUF, WAS IN APOSTELGESCHICHTE 12,1-2 GESCHEHEN IST:**

_____

_____

_____

_____

**SCHREIB IN DEINEN EIGENEN WORTEN AUF, WAS IN APOSTELGESCHICHTE 12,3-10 GESCHEHEN IST:**

_____

_____

_____

_____

## SURPRISE | TAG 7

Während der SHINE Experience hast du nicht nur etwas über das Schinken-Eier-Sandwich gelernt. Du hast auch Tools für den Alltag in deine Hände bekommen. Werkzeuge, die in deinem Werkzeugkasten liegen und in dieser Kombination genau für dich zusammengestellt sind. Wenn du sie nicht brauchst, kommt niemand anderes auf die Idee, sie zu benutzen – und sie werden verstauben und verrosten. Lass dir diesen Schatz der vergangenen Wochen nicht mehr rauben! Deine Gotteserlebnisse und Begegnungen mit Menschen hast DU gemacht und deine Misserfolge haben dir dazu verholfen, dass du Neues gelernt hast und nun an genau diesem Punkt im Leben stehst, wo du jetzt stehst. Jetzt beginnt dein Abenteuer erst richtig. Der SHINE Lifestyle hilft dir, dein Licht überall scheinen zu lassen und die beste aller Nachrichten über einen liebenden Gott, einen vergebenden Jesus und einen kraftvollen Heiligen Geist weiterzuerzählen. Du bist ein Licht in dieser Welt – genau dort, wo Gott dich hingestellt hat! SHINE!

Schreibe uns deine Erlebnisse, deine Freuden und deinen Frust mit der SHINE Experience:
info@shine-deutschland.de oder info@shine.ch.

**Wir freuen uns, von dir zu hören!**

## DEIN SHINE TEAM

# SCM

## Stiftung Christliche Medien

SCM R.Brockhaus ist ein Imprint der SCM Verlagsgruppe, die zur Stiftung Christliche Medien gehört, einer gemeinnützigen Stiftung, die sich für die Förderung und Verbreitung christlicher Bücher, Zeitschriften, Filme und Musik einsetzt.

SHINE heißt der Lebensstil, den du in diesem Buch eintrainierst, genau wie die Jugendarbeit von Campus für Christus Schweiz und Campus für Christus Deutschland.

### 3. ÜBERARBEITETE AUFLAGE 2019

© 2016 SCM R.Brockhaus in der SCM Verlagsgruppe GmbH,
Max-Eyth-Straße 41, 71088 Holzgerlingen
Internet: www.scm-brockhaus.de; E-Mail: info@scm-brockhaus.de

Soweit nicht anders angegeben, sind die Bibelverse folgender Ausgabe entnommen: Neues Leben. Die Bibel, © der deutschen Ausgabe 2002 und 2006 SCM R.Brockhaus in der SCM Verlagsgruppe GmbH Witten/Holzgerlingen.

### WEITER WURDEN VERWENDET:
- Lutherbibel, revidierter Text 1984, durchgesehene Ausgabe in neuer Rechtschreibung, © 1999 Deutsche Bibelgesellschaft, Stuttgart. (LUT)
- Elberfelder Bibel 2002 und 2006 SCM R.Brockhaus in der SCM Verlagsgruppe GmbH Witten/Holzgerlingen. (ELB)
- Gute Nachricht Bibel, revidierte Fassung, durchgesehene Ausgabe in neuer Rechtschreibung, © 2000 Deutsche Bibelgesellschaft, Stuttgart. (GNB)
- Hoffnung für alle, ® Copyright © 1983, 1996, 2002, 2015 by Biblica, Inc.®. Verwendet mit freundlicher Genehmigung des Herausgebers Fontis - Brunnen Basel (HFA)
- Bibeltext der Neuen Genfer Übersetzung - Neues Testament und Psalmen. Copyright © 2011 Genfer Bibelgesellschaft Wiedergegeben mit freundlicher Genehmigung. Alle Rechte vorbehalten. (NGÜ)

Gesamtgestaltung: Suli Eschmann (Campus für Christus)
Bilder: Unsplash, suli photography, s.36 Jamin Masquiren
Druck und Bindung: Finidr s.r.o.
Gedruckt in Tschechien
ISBN 978-3-417-26889-8
Bestell-Nr. 226.889